キムチ部
大阪偕星学園

長谷川晶一

素人高校生が漬物で
全国制覇した成長の記録

KADOKAWA

目次

プロローグ
創部1年目での栄光
——漬物グランプリ学生の部優勝

全国初、日本唯一の「キムチ部」部長として

2023（令和5）年4月29日、東京ビッグサイト――。

この日、全日本漬物協同組合連合会（全漬連）が主催し、農林水産省が後援する「漬物グランプリ2023」の最終日を迎えていた。3日間にわたって開催され、「漬物で巡る日本の旅」と銘打って、秋田県・いぶりがっこ、新潟県・野沢菜わさび、愛知県・べったら漬、京都府・しば漬、宮崎県・辛子高菜など、全国の漬物の即売や、協賛企業によるブースが展開され、会場は活況を呈していた。

そして、最終日の目玉が「漬物グランプリ2023表彰式」である。

日本の伝統的な食文化である「TSUKEMONO（漬物）」の魅力を広くアピールするために、漬物業界が一丸となって行われるこのイベントは、「法人の部」「個人の部」に分かれており、この年からは「学生の部」が新設されていた。全国予選を勝ち抜いた味自慢の中から、それぞれの部に分かれて各賞が発表される予定となっていた。

会場には、固唾を呑《の》んで発表を見守っている、制服姿の高校生の姿があった。

彼の名は栗川大輝《くりかわはるき》。この年の春、大阪・生野区の大阪偕星学園高校3年生になったばかりだ。

プロローグ
創部１年目での栄光――漬物グランプリ学生の部優勝

彼が所属するのはキムチ部だ。

キムチ部――。

キムチ同好会でもなく、キムチ愛好会でもない。れっきとした学校公認の正式な部活動である。もちろん、全国で唯一の存在だ。初めてその名を聞く者は、ほぼ間違いなく白い歯をこぼし、当惑の表情を浮かべた。

「キムチ部？　一体、何をする部活動なの？」

「キムチをみんなで食べるんでしょ？　楽しそうだね」

この部活の初代部長を務めたのが栗川である。彼にとっても、この日は高校生活の集大成となるべき一日だった。

「それではさっそく、結果発表にうつらせていただきます……」

司会を務める女性の美声が響き渡る。会場の隅では緊張した面持ちの栗川が息を呑む。この日は、２次予選を通過したうちの３組が駆けつけていた。グランプリの発表は最後である。つまり、最後まで名前が呼ばれなければ念願のグランプリ獲得となる。

女性司会者がさらに続ける。

「1作品目は、福島県立白河実業高校、2作品目は羽衣国際大学……」

大阪偕星学園の名前は呼ばれなかった。さらに、審査委員特別賞の発表も済み、残すは準グランプリと、グランプリだけだ。

その瞬間、強張《こわば》っていた栗川の表情が少しだけ和らぎ、後ろで見守っている太田尚樹専務理事、牧井美帆《ひらいみほ》教諭に笑顔を向けた。携帯電話で動画撮影をしていた太田も、その場で足をバタバタさせながら、それに応える。

発表は続く。

「準グランプリは、山口大学教育学部附属光中学校……」

栗川の丸眼鏡の奥が一気に和らいだ。思わず、独り言が漏れる。

「ちょっと、待って、待って、待って……」

太田と牧井も白い歯がこぼれている。

「ということは、そういうことですよね。これで……」

「……決まりですよね」

グランプリの発表は、それまでの女性司会者に代わって、全漬連・野崎伸一会長が自ら発表することになっていた。壇上に野崎が登場する。

「漬物グランプリ2023学生の部、グランプリは……」

プロローグ
創部１年目での栄光――漬物グランプリ学生の部優勝

ドラムロールが鳴りやんだ瞬間、若干の溜めを作った野崎会長がその名を読み上げる。太田は携帯で撮影を続け、牧井は両手を握り、天に祈りを捧《ささ》げている。

「……大阪偕星学園高等学校、代表栗川大輝さんの『×《かける》キムチ』です。おめでとうございます！」

大阪偕星学園高校キムチ部が出品したのは「×キムチ」と名づけられた作品だ。

オリジナルの白菜キムチに大豆ミートを掛け合わせた自信作で、ＳＤＧｓに配慮したアイディアに自信を持っていた。

さらに、この「×」には、「キムチと大豆ミートの掛け合わせ」「ご飯にかけて美味《おい》しく食べる」という意味だけでなく、「日本と韓国の食文化を繋《つな》ぐ」という思いも込められていた。

栗川はその場で深く一礼をし、すばやくマスクを外してステージに歩み出す。太田専務理事、牧井教諭、いずれも喜びを隠せない。壇上では、栗川が野崎会長から表彰状を授与されている。集まった報道陣を前に栗川の笑顔が弾ける。

「人生でトップレベルに嬉《うれ》しいことでした。みんなのおかげで、こうやってグランプリが獲《と》れたのはホンマにありがたいです。ありがとうございます！」

新設されたばかりの「学生の部」初出場で、創部1年目のキムチ部がいきなり「初代グランプリ」の栄冠を勝ち取ったのだ。

中学時代には、学校に行くことができず、鬱屈した日々を過ごしていた。

しかし、高校入学を機に、「自分を変えたい」「もっとキラキラした高校生活を過ごしたい」という思いを胸に、生徒会活動に打ち込み、できたばかりのキムチ部に入部して自ら部長に名乗りを上げた。内心にあったのは「部長なら、テレビに出られるかもしれへん」という彼なりの計算だった。そして、本当にテレビカメラの前で受賞コメントを発する機会を手にした。

不安ばかりで大阪偕星学園に入学した2年前の春にはまったく予想もしていなかった晴れの舞台に、栗川の笑顔が弾けていた。

それぞれが、それぞれの喜びを胸に

この日、ビッグサイトには大阪の老舗キムチメーカー「高麗食品《こうらい》」の工場長である黄成守《ファンソンス》の姿もあった。

キムチ部員に対して、さまざまなアドバイスを行ってきた黄は、「まさか、いきなりグランプリを受賞するとは！」と驚きを隠せなかった。

この漬物グランプリに、「高麗食品」が自信を持って出品したキムチは予選落ちしていた。さまざまなアドバイスをした「師」が予選で落ちているのに、「弟子」がグランプリを獲得したことに苦笑いを浮かべつつ、「本当にこんなことがあるんだなぁ。みんな、よく頑張ったなぁ……」と感嘆していた。

産休を目前に控え、東京には同行していなかった前顧問の沖田仁美はその知らせを大阪で聞いた。キムチ部誕生を知ると同時に、「めっちゃ面白そうな部活だな」とすぐに立候補して顧問となった。創設初年度での大躍進は、何も前例がない中で生徒たちを叱咤《しった》激励《げきれい》し、グイグイと引っ張り続けた沖田の力によるところが大きかった。

部員たちは口々に「沖田先生は怖い人」「厳しい人」「元ヤンみたいな先生」と言いつつ、同時に「すごくアクティブな人」「ものすごく頼りになる先生」と口にした。

妊娠がわかった後、しばらくの間、生徒たちには内緒にしていた。つわりがひどく、キムチの匂いを嗅ぐだけで、いや、キムチのことを考えるだけで吐き気を催すこともあった。部員たちの作ったキムチを試食するときには、無理して口に運ぶこともあった。あまりにも体調がすぐれないときには「今日は歯が痛いから、やめとくわ」とウソをつくこともあった。

沖田にとっても、すべての苦労が報われた瞬間となった。

同じく大阪で待機していた藤澤《ふじさわ》俊郎は、東京からの朗報を聞いて、「まぁ、当然やろな……」と思いつつ安堵《あんど》していた。

漬物グランプリ本番直前に父を亡くし、公私ともに多忙を極めていた。東京には太田専務理事と牧井顧問が同行することとなり、副顧問の藤澤は大阪に残ることになった。「ホンマに大丈夫やろか？」と、多少の不安を抱きつつも、「まぁ、『×キムチ』はグランプリを獲るだろう」という密《ひそ》かな自信もあった。

グランプリ出品までにはさまざまな紆余曲折《うよきょくせつ》があった。

決して他人には公言していなかったけれど、胸の内には「自分が『×キムチ』を守ったのだ」という自負もあった。ひょっとしたら、グランプリ出品作品は「×キムチ」ではなく、まったく別の作品になっていたかもしれなかったからだ。

長年、プログレッシブバンドの一員として音楽活動を続け、40歳を迎える前に教員に転じた異色の経歴を持つ藤澤にとって、生徒たちが懸命に作り上げた「×キムチ」がきちんと評価されたことが嬉しかった。


もちろん、大阪で待つ部員たちにもすぐに朗報は届いた。

自分たちの作った「×キムチ」に自信はあった。しかし、この年初めて創設された「学生の部」が、はたしてどの程度のレベルなのか、そもそも「漬物グランプリ」とは、どんなコンテストなのか、誰もきちんと理解していなかった。

だからこそ、「絶対に僕たちがグランプリだ」という自信と、「でも、全国のレベルはかなり高いのかもしれない」という不安がさまざまに交錯していた。

しかし、キムチ部は確かにグランプリを獲得したのだ。自分たちが考案した「×キムチ」は、長年にわたって漬物に関わってきたプロフェッショナルに確かに認められたのだ。

それは、根拠のない自信が確信に変わった瞬間だった。

＊

学校経営に腐心し、不祥事に頭を悩ませていた理事長が、学校改革の救世主として頼りにしたのが、東京でＬＧＢＴのオウンドメディアを立ち上げ、各種メディアで話題となり、講演、ライター活動をしていた息子だった。

その彼が、着任早々、「キムチ部」を立ち上げた。

大学卒業後、リクルートに就職してメディアの最前線で奮闘したものの、心を病んで退職を選択し、その後は自らの道を歩いていた。

東京での暮らしは楽しく、仕事も順調だった。それでも、ひょんなことから父親が理事長を務める私立高校の専務理事となった。一見すると、教育畑とは無縁に見える太田の存在なくしてキムチ部は誕生しなかった。

太田尚樹専務理事は、どのような思いからキムチ部を創設したのか？

前代未聞のキムチ部の初代部長・栗川大輝は、どうやって自分の殻を破ったのか？

キムチ部の面々は、何を思い、どのような心境でキムチと向き合ってきたのか？
地元・コリアタウンの人々は、キムチ部をどうやってサポートしたのか？
ゼロからスタートしたキムチ部は、創部1年でどうしてグランプリとなったのか？
不祥事禍にあった大阪偕星学園に、キムチ部はどんな力をもたらしたのか？

朝鮮半島の代表的な食文化であるキムチを通じて繰り広げられた、さまざまな人間模様。彼ら、彼女らが体現したのは「人は変われる」という、濃密な人間ドラマであり、ヤル気とアイディアがあれば、閉塞した現状も、モヤモヤした日常も打ち破ることができるのだという勇気の物語だ。

きっかけを生み出した者、顧問としてキムチ部を引っ張り続けた者、キムチ作りを支えたコリアタウンの人々、そしてそれぞれの物語を抱えた部員たち。誰が欠けても決して成立しなかった。一人ひとりがかけがえのないピースとなり、完成した「キムチ部」という名のジグソーパズル。全国初、そして日本唯一、いや、本場韓国にも存在しない、世界唯一かもしれない「キムチ部」をめぐるストーリー。しばしおつき合いいただきたい――。

第一章

目指すは「近大マグロ」!

――起死回生の「キムチ部」発足

「コノハナ」から、「人は皆《みな》、輝く星である」へ

大阪偕星学園高等学校――。

JR桃谷駅、あるいは寺田町駅から徒歩10分ほどでたどりつく。下町風情の残る街並みにたたずむ学《まな》び舎《や》は、人工芝が敷き詰められた中庭を囲むようにして並んでいる。

その歴史は、1929(昭和4)年、甲種商業学校「此花《このはな》商業学校」として、大阪・東淀川《ひがしよどがわ》区《く》に設立されたことから始まる。戦時下にあった45年4月には戦時措置によって「此花工業学校」と改称されるものの、敗戦直後には再び「此花商業学校」となり、終戦後の49年4月からは現在の生野区に移転し、同時に校名も「此花商業高等学校」と変わった。さらに73年4月には「此花学院高等学校」となる。

以来、当地の人々からは「コノハナ」の愛称で、地元とともに歴史を刻んでいくことになる。卒業生には俳優・鶴田浩二《こうじ》、吉本興業のコメディNo・1・坂田利夫、グルメレポーターでおなじみの彦摩呂《ひこまろ》などがおり、最近では、難病であるジストニアを発症し、一時は演奏ができなくなったものの、それを見事に克服。「7本指のピアニスト」として世界で活躍する西川悟平らを輩出している。

当初は男子校だったが、95(平成7)年4月からは一部女子生徒の募集を開始し、数年を経

て完全男女共学となった。しかし、２００９年の創立80周年を迎える頃から、少子化の影響や私立高校の競争激化の影響から経営難に陥ってしまう。

そんな頃、学校再建の切り札として白羽の矢が立ったのが、大阪で長年にわたって学習塾を経営し、一大グループを築いていた太田明弘《あきひろ》だった。

82年夏、学習塾「開成教育セミナー」を立ち上げ、以来、着々と規模を拡大し、現在では「開成教育グループ」会長に就任。長年にわたって教育畑を歩んでいた。そんな太田に「此花学院の立て直しを」と依頼が来たのだ。太田理事長が述懐する。

「第二次ベビーブームの頃は２１０万人もの出生があったものの、最近では80万人を切ってしまう状況となっています。旧称の此花学院高校時代には生徒募集がうまくいかず、職員間の結束、連帯感も弱かったということで、深刻な経営危機に立たされていたといいます。そんなときに、私に白羽の矢が立ちました。私の本業は学習塾経営です。経営する上で、この学校のある生野区にもとてもお世話になりました。だから、非常にリスクのあることではありましたけど、地域に対する恩返しの意味も兼ねて、ピンチに立たされている私学教育のお力添えをする。そう決意したのが２０１０年のことでした」

こうして、10年11月25日付で、太田は正式に理事長に就任する。

理事長に就任するにあたって、太田には「二つの強い意志」があった。

一つは「校名を変えること」、もう一つは「校歌を変えること」である。こうして、80年近く親しまれてきた「コノハナ」という名を改めることを決めた。

「大阪には《此花区《このはなく》》という地名があります。けれども、私たちの学校があるのは《生野区》です。その点が非常に紛らわしい。さらに、《コノハナ》という名前には伝統がありますし、この名称に慣れ親しんできた人も多いのは理解していますが、この名前は教育理念を体現しているものでもないと私は感じていました。ですから、〝校名を変えること〟というのは絶対でした」

地名に由来するものでもないし、教育理念を表したものでもない。

だからこそ、太田は改称にこだわった。しかし、歴史ある学校名を変更することは容易ではない。また、彼が理事長に就任したのは年度途中であり、すでに翌年の生徒募集も始まっていた。結果的に、校名変更には2年強の時間を要することになった。

こうして、満を持して13年4月から「大阪偕星学園高等学校」が誕生する。「偕星」という言葉に込めた思いは熱い。

「漢字というのは、世界で唯一の表意文字です。この《偕星》という字を分解すると、《人は皆、星である》と読むことができます。我々人間の目には、あまたの夜空の星はどれも同じような光にしか見えません。でも、それぞれの星の光はすべてが違っている。つまり、〝それぞれの生徒が、それぞれの個性を光り輝かせることのできるような学校であってほしい〟、そんな思いを込めています」

学校教育は「偕星」で、塾での教育は「開成」。太田が経営する「開成教育セミナー」と同音であるという点も決め手となった。

一方、校歌も自ら作詞をした。作曲は中村泰士《たいじ》に依頼する。ちあきなおみの『喝采』、細川たかしの『北酒場』でレコード大賞を獲得した日本を代表する作曲家だ。

もちろん、この歌詞にも太田の教育理念が込められている。

大空翔《かけ》る青春の
夢麗しく若人の
胸に溢《あふ》れる青雲の意気
友よ学び共に鍛えて
希望の扉開こう
　輝け　輝け　輝け
　青春の昴《すばる》
我らが母校　大阪偕星

地元コリアタウンで、代々キムチ店を営む在日コリアン二世の店主は言う。

「コノハナの頃は、ヤンチャな生徒がようけいました。でも、偕星に校名が変わってからは、生徒も大人しくなった。生徒の質が明らかに変わった。私らも、〝変われば変わるもんやなぁ……〟という思いで見ていましたよ」

こうして、80年以上も地域の人に親しまれていた「コノハナ」は姿を消し、新たに「人は偕、輝く星である」という崇高な理念を掲げる学校へと生まれ変わったのである。

待望の甲子園出場、そしてたび重なる不祥事……

太田が学校改革に乗り出し、校名を変更して2年が経過した15年、大阪偕星学園は一躍、話題の中心に躍り出る。

15年夏、野球部が第97回全国高等学校野球選手権大会への出場を決めたのである。

準々決勝では、史上初の大会4連覇、史上6校目となる夏の甲子園連覇を目指し、全国区の実力を誇る大阪桐蔭《とういん》高校に3対2、1点差で見事に勝利。試合後には、高校のホームページにアクセスが集中してサーバーダウンする事態となった。

大の高校野球ファンで、当時人気絶頂にあったNMB48のキャプテン・山本彩《さやか》は、試合直後にツイッター（現・X）で、次のようにつぶやいた。

大阪偕星学園、注目や。
ほんまに、今年どうなるんやろ～

続く決勝では大阪体育大学浪商《なみ》高校を破り、待望の甲子園出場を決めた。後にプロ入りを果たす右腕の姫野優也、キレのいい変化球が持ち味の左腕・光田悠哉と、好捕手の田端拓海のバッテリーを中心に、見事に激戦地区である大阪を勝ち抜いた。
ちなみに、このときも山本彩は、こんなツイートを残している。

リハの合間、中継ガン見わず。
9回展開あり過ぎて鳥肌立ったし
実況の方が浪商を
「昔は強かったとは言わせないぃ！」
って叫んだところ、涙出た。
偕星学園も甲子園初出場おめでとう。
頑張れぇぇぇぇ！！

甲子園では、1回戦で滋賀代表の比叡山《ひえいざん》高校と対戦し、延長戦の末、7対3で勝利。2回戦では福岡代表の九州国際大学付属高校と対戦するも、9対10と惜敗した。

前述した姫野は甲子園では打者として活躍。同年のドラフトでは北海道日本ハムファイターズから、野手として8位指名を受ける。プロ入り後には両打ちに挑戦。その後、右打ちに専念したものの、20年に戦力外通告を受けて育成選手として再契約する。

21年シーズン途中には野手から投手へと転向するが、23年シーズン限りで再び戦力外通告を受けるという、波乱のプロ野球人生を過ごすことになる。

甲子園初出場ではあったものの、手に汗握る熱戦を繰り広げたことで、野球ファンのみならず、地元大阪の人々にとっても「偕星」の名はハッキリと記憶に刻まれることになった。

学校再建からわずか2年にして、大阪偕星学園の名は一躍、大阪全土はもちろん、全国に届いたのである。

しかし、「大阪偕星学園旋風」も長くは続かなかった。

この後、立て続けに野球部に関する不祥事が発覚する。甲子園出場から6年後、新型コロナウイルス禍に揺れる中、野球部コーチによる部員へのセクハラが表面化。さらに、野球部監督による「ＧｏＴｏトラベル」給付金の不正受給が発覚。虚偽の申請により、監督、コーチが逮捕されるという非常事態に陥ってしまった。

さらにその後も、新監督によるパワハラ事件も明らかになり、事態は泥沼の様相を呈してしまったのである。当時の心境を太田理事長に尋ねる。

「野球部員たちの努力が実って、甲子園出場を決めたときには本当に感激しました……」

ひと言、ひと言、嚙み締めるように太田は続ける。

「……けれども、その感激を台無しにしてしまう事件が立て続けに起きてしまいました。すべては理事長である私の不徳の致すところです。今はただただ反省の日々です……」

その表情には、深いしわが刻まれていた。

学校の窮地を救うべく登場した「救世主」

学校改革に乗り出すと同時に、老朽化した施設の手直しに着手した。

校庭に人工芝を敷設し、ｅラーニング対応型教室を備えた「すばる館」を竣工《しゅんこう》し、さらにはトレーニングジムを作り、体育館や全教室のＬＥＤ化を推し進めてきた。

しかし、いくらハード面を充実させても、教員の意識改革や教育プログラムの向上も同時になされなければ健全な学校運営は不可能だ。

「学校教育というのは、お金さえあれば広大な土地を用意して、立派な校舎を作ることができます。だけど、教員の質というのはお金では買えないものなんですね。これはやっぱりマンパワーしかないんです。私は〝ドラマのある学校にしたい〞と考えてきましたが、感動はやっぱり、教員からしか生まれないんです」

施設面だけではなく、教職員全員の意識改革とレベルアップが急務となっていた。事態は急を要していた。このとき、太田理事長の頭に浮かんだのが、東京で精力的に活動していた息子・尚樹だった。父親は言う。

「私は、本業が学習塾経営でした。学習塾を生業としている家庭というのは、自分の子どもを差し置いて、人様の子どもの教育に一生懸命励むという自己矛盾のような環境です。一方で、私自身には〝会社というのは公共性の高いものだ〞という意識がありますから、〝息子だから〞ということではなく、優秀な後継者が社内から出てくるのであれば、そちらに任せた方がいいと考えていました。ですから、息子に対して、〝会社を継いでほしい〞とか、〝お前が継ぐべきだ〞と言ったことは一度もありません。それは、学習塾経営だけでなく、この学校経営においても同様でした」

さらに、こんな言葉を続けた。

「ただ、彼にも、当時の私が、どのような状況に置かれていたのかが耳に入ります。そうした中で、彼なりに学校教育に対する関心が高まり、ヤル気をかき立てるものがあったのも事実だったようです。学校が苦境に立たされている中で、彼が手伝ってくれることになったんです」

一方、当事者である息子の言い分は、少しニュアンスが異なる。

「父親が理事長を務めていたので、〝いつかはお前も〟という雰囲気は以前からありました。私自身も、大卒後にリクルートに就職したぐらいですから、元々は経営に興味があったし、〝自分でもやってみたいな〟という思いはありました。父とは〝40歳ぐらいになったら〟という話もしていました。けれども、ちょっと状況が変わってきたんです……」

神戸大学卒業後、リクルート入社の経歴を持つ息子の尚樹は88年8月生まれだ。彼が40歳となるのは２０２８年のことになる。

しかし、当初の目論見《もくろみ》は外れ、状況は大きく変わった。

前述したように、相次いで野球部の不祥事が起きたことで、学校サイドとしてもその対応に追われることになった。理事長の心労も日々、募っていく。

「学校の状況もそうですし、父自身も60歳を過ぎてどんどん体力が落ちてきました。さらにコロナ禍もあって、彼の中に一気に不安が押し寄せてきたような感じがしました。２０１８年頃から、〝今から来ないか？〟というアプローチが始まっていましたが、当初は、〝今すぐは無理〟と言っていたんですけど、その後に何度もアプローチがあって、21年からこの学校に本格的に関わることになりました」

それは、太田尚樹が33歳のことだった。当初に思い描いていたプランは大きく前倒しされることとなった。

18年8月に理事に就任。月に一度程度、東京から大阪に通った。その後、非常勤の常務理事を経て、21年9月からは常勤態勢となる。着々と手順を踏んだ上で、太田尚樹は正式に大阪偕星学園の一員となったのである。

その直後に、野球部の前コーチが再逮捕された。ほぼ最初の仕事が、保護者やマスコミなど関係各位への対応となる波乱の幕開けとなった。「一連の不祥事は自分には関係ない」と、ほとぼりが冷めるのを待ってから学校に関わることもできたはずだ。しかし、被害家庭と教職員の苦しみを思えば、もはや一刻の猶予も許されていなかった。窮地に陥っていた学園を前にして、見て見ぬふりをすることはできなかった。

翌22年1月から就任することが決まっていた新監督の下で、野球部は本当に建て直しが図られるのか？　マスコミからも、保護者からも厳しい視線が注がれる中で、尚樹は学校経営に関わることになったのである。

もちろん、教育畑を歩んできた理事長であり、父である明弘という後ろ盾はあった。しかし、本格的に自分が関わるからには、「今までと同じことをしていても仕方がない」という思いは強く持っていたし、旧態依然としたやり方ではなく、新たな方法が求められていることもよく理解していた。

こうした状況下で、太田尚樹は大阪偕星学園入りを果たす。そしてそれは、前代未聞の「キムチ部」誕生の萌芽《ほうが》となるのである。

「近大マグロ」に並ぶ新ブランド「偕星キムチ」を作る！

野球部の対応に奔走する日々が続く。

それでも、太田には密《ひそ》かに温めていたアイディアがあった。

そのヒントを与えてくれたのが近畿大学水産研究所の手になる「近大マグロ」である。

漁獲量は激減し、その生態も明らかでない天然クロマグロの産卵と成長のサイクルを人工的に管理し、近畿大学水産研究所はついに「完全養殖化」を成功させていた。

クロマグロは、一般的には「ホンマグロ」とも呼ばれ、「海のダイヤ」の異名も持つ。70年から研究が始まり、32年もの時間を費やした結果、02年に世界初となるクロマグロの完全養殖を実現させた。「完全養殖」というのは、天然の稚魚を成魚に育てて卵を採取し、その卵を孵化《ふか》させて育てた成魚から再び採卵する……。このサイクルを半永久的に繰り返していく養殖法のことを指す。

体長3メートル、体重400キログラムを誇るクロマグロを養殖することなど、不可能だと考えられてきた。しかし、それを近畿大学水産研究所・熊井英《ひでみ》水所長が可能にしたのだ。

戦後間もない48年。まさに食糧難の時代に、近畿大学の前身である大阪理工科大学附属白浜臨海研究所として発足した現在の水産研究所は、食糧危機を克服するために、「土地と同じように海を耕そう」という崇高な理念の下にスタートする。

以来、主に海水魚の養殖研究に取り組み続け、誰も想像していなかった「クロマグロの完全養殖化」を成功させ、一躍、その名をとどろかせていた。それは、近畿大学のブランドイメージを大きく向上させると同時に、「近大マグロ」という新たな商品をも生み出し、さまざまな経済効果をもたらすことにもなっていた。


大阪偕星学園の理事の一人となった太田尚樹の頭にあったのが、この「近大マグロ」である。学校が独自に魅力的なブランドを立ち上げ、それが世のため、人のためとなると同時に、学校のイメージアップにも繫《つな》がるという絶好のモデルケースである。

着任後、太田の頭に真っ先に思い浮かんだものが、「近大マグロのような、新しい何かを偕星でも生み出せないか？」という思いである。学校のアイデンティティを紐解《ひもと》いていくと、すぐにアイディアがひらめいた。ヒントは足元に転がっていた。


学校からの帰り道のことだった。

不祥事対応で疲労困憊《ひろうこんぱい》の中で、ぼんやりと学校再建策を考えていると、地元のコリアタウンに差しかかった。「韓流《はんりゅう》ブーム」は、すでに一過性のものではなかった。

（すごくにぎわっているなぁ。せっかく地元にこんなエリアがあるのなら、学校と絡めて一緒に何かをすることができないかな……）

とりとめのない思考が少しずつ具体的な像を結び始める。

（そう言えば、《近大マグロ》が話題になっているよな。……あ、うちらにはこのコリアタウンがあるじゃないか。あっ、《偕星キムチ》っていいかも。偕星キムチが全国ブランドになって、たくさんの方の手に届くなんてことになったら……。もしも、そんなことになったら、本当に面白いだろうな……）

リクルートに勤めていた頃も、独立してオウンドメディアを立ち上げてからも、アイディアが降ってくるのは机に向かっているときではなく、みんなでワイワイ遊んだり、酒を呑《の》んだりしているときの方が多かった。

そして、原動力となるのは常に「面白そうなこと」だった。決して「儲《もう》かること」でもなく、「誰かに褒められること」でもない。自分たちがワクワクすること、心から楽しいと思えることこそ、周囲を巻き込んで大きなパワーを生み出すことを経験則で知っていた。それがみんなを幸せにし、結果的に富や名声をもたらすことも理解していた。

太田の胸の内では、すぐに確信を得る。

（これは面白くなるぞ、すぐに動き出そう！）

当時の心境を、改めて本人の口から語ってもらおう。

「当然ですが、当時は野球部への対応に全身全霊をかける必要がありました。ただ、一方で明るいニュースも生み出さなければ、すぐに経営が立ち行かなくなる状況でした。このままでは教職員を守れなくなる。その思いから、〝うちの学校にとってのフラッグシップになるような取り組みはないだろうか？〟と、ずっと考えていました。私たちがやりたいこと、学校としてのあるべき姿を表現できる。そんな活動をしたいと考えていました。私は元々、コンテンツを作る仕事をしてきましたけど、うちにはリソースがない。お金も人手も潤沢にあるわけでもない。それでも、アイディア一つでできることはないか？　荒れた地に一輪の花を咲かせる方法はないか？　そこで頭に浮かんだのが近大マグロでした」

太田の詳細なプロフィールについては第四章で詳述するが、東京時代にさまざまなクリエイティブ活動に取り組んできた経験が、ここで生きることになった。

「近大マグロさんの成功例が頭に浮かんだ後に、真っ先に思いついたのが《偕星キムチ》でした。すぐに、〝これは絶対にいいぞ〟と確信しました。理事長、校長、経営陣は、〝よくわからないけど、そこまで言うのならやってみれば〟という感じでした。ちょうど、翌年度に向けての入試説明会が予定されていたんですけど、その場で話すこともほとんどなかったので、〝よし、キムチ部だ！〟となりました」

ここからの行動は早かった。

一気呵成《いっきかせい》に物事が進み始めることになる――。

見切り発車でスタートしたキムチ部

「来年から、キムチ部を発足させたいと思います！」

前代未聞の申し出に対して、理事長は、そして校長はどう思ったのか？　尚樹の父であり、理事長である太田明弘は、開口一番、こんなことを口にした。

「まさか、これほどまでに世間の方、そしてマスコミから注目を集めるとは思いもしませんでした……」

そして、率直な思いを口にした。

「……学校のある場所がコリアタウンのすぐ近くということもあって、《キムチ部》というのはとても親和性があります。何も違和感はありません。けれども、《キムチ部》という形で、継続的なクラブ活動をどうやって維持していくのかということについては、〝はたして続けていけるのだろうか？〟という素朴な疑問があったのは確かでした」

此花学院高校時代の末期に校長に就任し、大阪偕星学園となってから現在まで校長を務める梶本《かじもと》秀二が振り返る。

「最初に（太田尚樹）専務理事から、〝キムチ部を作りたい〟と聞いたときに、まずは〝いいんじゃないですか〟と思いました。そこで私が〝本気でやるんですね〟と尋ねると、専務も

〝本気です〟と答えました。私もこの学校に赴任してから、何度もコリアタウンに足を運んでいます。キムチ部ができれば、地元の方々との交流もできます。ならば、真剣に活動を続けてほしい。そんな思いはありました。ですから、単に《同好会》で始めるのではなく、きちんと予算がつく《部活動》として発足することを提案しました」

この言葉にあるように、「キムチ同好会」と「キムチ部」とでは雲泥の差がある。同好会であれば、学校からの支援はほとんど受けられない。しかし、正式な部活動であれば予算も計上されるし、活動場所も提供される。

もちろん、対外的なイメージもまったく異なる。前者であれば、「同好の士が集った趣味的な集い」となり、後者であれば「学級や学年の域を超え、顧問の指導の下で切磋琢磨《せっさたくま》する学校教育の一環」という意味合いが付与されることになる。

そして、何よりも「キムチ部」という前代未聞のパワーワードがあるからこそ、世間の耳目を集めることになるのである。

コリアタウンのお膝元にあるとはいえ、大阪偕星学園高校は韓国、朝鮮系の高校ではない。韓国系の高校の「キムチ部」であれば、それは祖国の文化を伝承する民族的、歴史的な意味合いを持つことになるだろう。しかし、今回はそうしたものではない。

日本の高校が「キムチ部」を発足させるということに大きな意味があるのだ。

こうして、翌2022年度から正式に「部活動」としてスタートさせることに決め、21年12

月から22年3月までは準備期間として「キムチ同好会」とすることになった。

いずれにしても、太田理事長も、梶本校長も「キムチ部」に対して、好意的な反応を示したと振り返る。しかし、当の太田尚樹の感想は異なっている。

「私の感覚としては、〝ちょっと、変なことを言うのはやめてください〟という雰囲気は感じていました（苦笑）。ある人からは、〝いきなり部活動としてスタートするのではなく、まずは同好会からでもいいんじゃないのか？〟ということも言われました。だけど、そんな回りくどいことをしている場合じゃない。〝今すぐ部活動として始めたいんです〟と言ったけど、それでもいろいろ文句は言われましたね……」

そこで、太田は大胆な行動に出る。

「学校には、いろいろな制約が多いんです。でも、組織というのは数々の制約を抱えて沈むか、制約を乗り越えて進むかしかない。だから、もう宣言ベースで〝来年からキムチ部を始めます！〟と言って入試説明会で発表することを決めました」

こうして、大阪の中学校の入試担当者、入学希望者が集う入試説明会において、太田はキムチ部の発足を宣言する。当人がその反響を振り返る。

「私は元々、教育分野の人間ではなかったし、《理事長の息子》ということで、諸手《もろて》を挙げて受け入れられているわけではないことも自分でわかっていましたから、一部の教員からは、〝そんな話は聞いていない〟とか、〝理事が勝手に物事を決めている〟という不満もありました。

けれども、その反面ではこっそり〝楽しみです〟とか、〝応援しています〟と言ってくれる若い先生もいました。それは本当に嬉《うれ》しかったです」

彼が語る「若い先生」が、このキムチ部にさらなる勢いをもたらすこととなる。

「めっちゃ、面白そう。私、顧問やります！」

21年12月、入試説明会が行われた。

このとき司会を務めていたのが、前任校を辞し、この年から大阪偕星学園に赴任していた沖田仁美である。国語科を担当する沖田はまだ20代で生徒たちとも年齢が近く、明るい性格で生徒たちからの人気も高かった。

「12月のことだったと思うんですけど、入試説明会において（太田尚樹）専務理事が受験生にいろいろプレゼンテーションをしました。その中で、〝来年から、キムチ同好会を作る予定です〟と発言されました。私の記憶では《キムチ部》ではなく、《キムチ同好会》だったと思うんですけど、それを聞いた瞬間に、〝なんや、その面白そうなものは！〟という感覚でした（笑）。私はめちゃめちゃお酒が好きで、お酒のアテを求めて何千里。飲み歩いたり、食べ歩いたりするのが好きで、キムチも大好きなんです。〝一体、キムチをどうするんだろう？　どんな活動をするんだろう？〟って、すごく気になりました」

元々、キムチ好きだったことに加えて、沖田はこの地になじみがあったという。

「父方のおばあちゃんが今里に住んでいたんです。それで、ご近所さんだったので、物心ついたときにはおばあちゃんの家に行くときは生野区のコリアタウンにも足を運んでいました。当時は、ここがどんな成り立ちのある場所なのかということは何も知らなかったけど、小さい頃から何度も来ていて、すごくなじみはありました。今は小ぎれいになりましたけど、私が子どもの頃はまだ汚かったし、怖いイメージも残っていましたね」

入試説明会で「キムチ部」が誕生することを知って、俄然《がぜん》興味を持った。すでに演劇同好会の顧問を任されていたものの、「もしも学校の許可が出れば、私がキムチ部の顧問になりたい」とも考えていた。当時、20代後半を迎え、教員としても仕事が楽しくなり始めていた時期に差しかかっていた。

「それで専務理事に、〝めっちゃ面白そうですね。すごくいいと思います！〟って伝えたことを覚えています」

この言葉は、発案者である太田を勇気づけた。胸の内では「絶対に面白くなるぞ」と思いつつ、「本当にうまくいくだろうか？」という思いもあったからだ。

「私自身が、他の関係者からどう思われているかは気にしていなかったけど、このときの沖田のように、ピュアな思いで、〝絶対に面白いと思います！〟と自分から言ってくれたのは本当に嬉しかった。広報的な戦略において、よく《クールヘッド・ウォームハート》って言いますけど、当然、冷静な頭で物事は考えていくけど、このときの沖田のように、ベースには熱い気持ちがないとダメだと考えていました。そこの大切な部分を沖田がちゃんと両手ですくい上げてくれた。そんな気持ちになりました」

太田は「自分の考えに賛同し、ともに動いてくれる人」を求め、沖田は「楽しいから自分も関わりたい」というピュアな思いを抱いた。それは、両者にとって、実に幸福なマッチングとなった。太田は言う。

「当時、彼女は演劇同好会の顧問をしていました。けれども、〝まだまだ余裕がある〟ということで名乗りを挙げてくれました。校長先生に確認すると、〝いいんじゃないですか〟と後押ししてもらえました。本当にスムーズに顧問が決まりました。もしも私だけで誰もなり手がいなかったとしたら、職員会議のときに、〝誰かいませんか〜?〟って、一人ひとりに声をかけていくしかなかったですから（笑）」

一方の沖田も口をそろえる。

「元々のキッカケは、私がお酒好きだということもあるんですけど（笑）、キムチが好きすぎたこと。そして、生野区のコリアタウンという地域性を生かして、町おこしのようなことができるかもしれないということ。それが魅力でした。そして、〝誰もやったことがない〟というのも最高でした。本当にワクワクした思いで立候補させてもらいました」

誰もやったことのない初めての試みであり、それが結果的に地域活性化や地元との交流を深めることにもなる。当然、それは子どもたちにとっても、とても有意義なことであると沖田は考えた。

少しずつ、そして着実にジグソーパズルのピースはそろいつつあった。

それでも、まだ大切なピースがそろっていない。

そう、活動の主となる部員である。いくら大人がおぜん立てをしたところで、主人公である生徒たちが何も興味を示さなければ、それは絵に描いた餅に過ぎない。

はたして、生徒たちは前代未聞の「キムチ部」に関心を持つのだろうか？　太田や沖田の熱い思いは彼ら、彼女らに届くのだろうか？

しかし、その思いは杞憂《きゆう》に終わる。あっけないほど簡単に、部活動の核となる「部長」「副部長」が一瞬で見つかることとなるのだ。

あっという間に、部長、副部長が誕生

入試説明会から数日後、太田尚樹は生徒会室に顔を出した。教員ではない太田にとって、唯一生徒たちと接点を持てるのは生徒会室だった。この日、その場にいたのは生徒会長をはじめとする役員の面々だった。単刀直入に太田が切り出した。

「なぁ、来年から《キムチ部》を作ろうと思うんやけど、どう思う？」

生徒たちの反応はさまざまだった。いや、ほぼ全員があっけにとられていた。その中で、真っ先に目を輝かせた生徒がいた。

1年生（当時）の栗川大輝だ。

太田の説明を聞くや否や、栗川は何の迷いもなく「僕、やります！」と手を挙げた。それにつられるように同じく当時1年の楊颯太《そうた》も、「僕もやります！」と名乗りを挙げた。

「あのときの光景は、今でもハッキリと目に浮かびます。一枚の絵として、記憶に焼きついています。栗川がニコニコしながら、〝僕、やります！〟って言ってくれた。続いて楊も。〝キミたち、最高やな〟って、私も興奮していましたね」（太田尚樹）

本人たちは、このときどんな心境だったのか？

「最初、〝キムチ部を作りたい〟って聞いたときは、〝ぶっ飛んでるなぁ〟って思いました（笑）。そして、すでに実際に行動を起こしていることについても、〝すごいことやってるなぁ〟って驚きました」

さらに、あの日の心境を栗川が振り返る。

「自分は中学時代にあんまり学校に行っていなかったんです。高校に入ってからは、〝自分を変えるために〟という思いもあって生徒会活動に関わっていたんですけど、それでもまだまだ物足りなかった。そして1年生の12月、キムチ部ができることを知りました。キムチ部がどういうものなのか、何をする部活なのかはまったくイメージできなかったけど、〝何だか面白そうやな〃って、すぐに興味は持ちました」

本人の言葉にあるように、高校入学以前の栗川には複雑な背景があるのだが、それは第三章で詳述したい。後にキムチ部副部長を務めることになる楊は言う。

「12月のある日、太田専務が、いや、当時は常務だったかな、とにかく太田理事が生徒会室にやってきて、〃今度、キムチ部を作るんやけど、誰かやりたい人、おらんか？〃って言いました。僕自身も、〃面白そうやな〃とは思ったけど、真っ先に栗川が手を挙げたのを見て、〃栗川が言うなら、間違いない〃と思って、〃僕もやります！〃とついていきました」

当時、栗川は生徒会副会長で、楊は会計を任されていた。10月に行われた生徒会選挙でともに当選した二人は、すぐに親友となっていた。

栗川につられるように楊の入部も決まった。それは、キムチ部の初代部長と初代副部長が決定した瞬間でもあった。

さらに、この場にはたまたま沖田も居合わせていた。楊が振り返る。

「校舎から出てきた沖田先生と、偶然一緒になりました。で、先生が常務に〃何をしているんですか？〃と尋ねたんです。それで、〃キムチ部について話し合っているんです〃って言うと、餌に飛びついた鳥というか、釣り糸に食いついた魚というか、ものすごい勢いで、〃キムチ部、めっちゃ面白そうですよね！　私、顧問やります！〃って言ってくれたんです。正直、僕も栗川もちょっと引いてしまうぐらいの勢いでした（笑）。僕らは〃ゆっくり進めていこう〃と思っていたのに、沖田先生が加わることによって、一気にいろいろと進んでいくことになりました」

まだ準備段階であったにもかかわらず、顧問の沖田、部長の栗川、さらに副部長の楊がキムチ部に関わることが決まった。まだまだ脆弱《ぜいじゃく》かもしれない。それでも、キムチ部としての骨格が定まった。続いては、これからどのような活動をしていくのか？　具体的に部としての運営方針、活動目標を定めていくことだ。

海のものとも山のものともわからないけれど、それでもキムチ部は順調なスタートを切ることとなったのだ。

「漬物界の大阪桐蔭になる」、と沖田は決意

2022年が明けた。

年明け早々、野球部元監督、元コーチによるＧｏＴｏトラベル給付金詐取容疑に関する報道が大々的に展開された。常務理事である太田もその対応に忙殺されることになった。

その一方で、4月に迫った「キムチ部発足」に向けての準備も着々となされていた。副部長の楊が振り返る。

「オンライン授業が始まる前日だったので、1月19日のことだったと思います。この日、僕と

栗川と、太田常務と沖田先生の4人で、キムチ部の活動計画を話し合いました。このときの栗川はとんでもなかったんです（笑）」

部長の栗川は、何が「とんでもなかった」のか？

「彼はめちゃくちゃポジティブで、次々と強気の計画を立てていったんです」

一例を挙げてみよう。この日、栗川がイメージしたのは次の通りである。

2022年3月……公式インスタグラム開設
　4月……公式インスタグラムフォロワー100名達成
　7月……教員に向けた大規模な試食会開催
　9月……文化祭に出店
　10月……『おはよう朝日です』（朝日放送テレビ）出演
2023年4月……漬物グランプリ獲得
　4月……「偕星キムチ」商品化

驚くべきことに、ここに書かれたことはほぼすべて実現することになる。

わずかな違いは、朝日放送テレビの『おはよう朝日です』ではなく、毎日放送『よんチャンTV』、NHK『ほっと関西』だったことぐらいだ。

目標を設定した当時の記憶の糸を栗川が手繰り寄せる。

「自分は、世の中が厳しいということをわかっていなかったんで、文化祭にも絶対に出店できるし、テレビにも絶対に出演できるし、グランプリも絶対に獲《と》れるっしょ、みたいな（笑）。そんな感じだったんです」

栗川部長が、ここまで伸びやかな理想を口にできた背景には、「太田専務の気遣いが大きかった」と沖田は言う。

「太田専務の目標設定の仕方が飛び抜けていたと思います。私としては、〝えっ、ここまで目標にしてもいいの？〟という思いでした。それで、栗川も、楊も、もちろん私も、〝ほんならテレビにも出たいし、偕星キムチを商品化して有名になりたい〟って、どんどん夢が広がっていきました。太田専務のすごいところは、決して自分から口にしないで、生徒たちに自発的に言わせているところでした」

高校教師となって数年が経過していた。現代の高校生に対して、沖田の目には「物足りないな」と映っていた。

「今の高校生は、自分の意見は決して口にしないで、周りの意見に合わせてしまう子がすごく多いんです。でも、太田専務は、〝それで、それから？〟と、生徒たちが自分の意見を言いやすい雰囲気を作ってくれました。私も最初は、〝そこまで大きなこと言って大丈夫なの？〟という思いもあったんですけど、気がつけば、〝一度、口にしたんだから、そこにたどり着けるように頑張ろう。もう、やるしかないな！〟という気持ちになっていました。私自身が、生徒たちの意見に乗せられていった。そんな実感がありますね」

このとき、太田、そして沖田の胸の内に宿っていたのは、こんな思いだ。

「私たちは、《近大マグロ》に負けない、《皆星キムチ》を生み出すんだ！」

太田はすでに確信していた。

（このストーリーは間違いなく、多くの人に広がっていくぞ……）

さらに、沖田の中にはこんな思いも宿っていた。

（私たちは、漬物界の大阪桐蔭になるんだ！）

野球の名門、大阪桐蔭高校並みに、漬物界において圧倒的な地位を築き上げる。誰も太刀打ちできない、盤石な存在となる。

壮大な野望とともに、キムチ部がスタートした。

第二章

周囲の協力とともに

——キムチ部初年度の記録

「キムチを学び、キムチを作り、キムチで結ぶ」

太田尚樹による「キムチ部を作ろうと思います！」という、突然の宣言に対して、ともに当時1年生の栗川大輝、楊颯太が「僕も入ります！」とすぐに手を挙げた。国語科の沖田仁美が顧問となり、4月からは数学科の藤澤俊郎が副顧問となることも決まった。

栗川と楊の二人で始まったキムチ部も、新年度が始まるとすぐに1年生部員が次々と入部することとなった。

このとき、キムチ部初となる女性部員も誕生する。

「初めて聞いたときは、〝えっ、キムチ部？〟って思いました（笑）」

後に2代目部長となる松本綾華《あやか》が、笑顔で続ける。

「どんな活動をするのかはまったくわからなかったけど、他の部活では絶対に経験できないことをするのは何となく理解できました。だけど、一人で入るのは嫌だったので、友だちを誘って顔を出すことにしました」

こうして、「バスケ部に入ろうかどうか迷っていた」という友人とともにキムチ部に入部することになる。

後に2代目副部長となる石田圭成《けいせい》も、この時期に入部した一人だ。

「中学3年のときに入試説明会でキムチ部ができることを知りました。そのときは、〝あぁ、面白そうな部活ができるんやなぁ〟という感じでした。そのときは自分から入部するつもりはなかったんだけど、高校入学後に、友だちから〝一緒に入ろうよ〟と言われて、流れで入ることになりました」

結果的に、石田を誘った友人は「塩漬けの達人」として活躍するものの、高校2年時から活動に参加しなくなり、誘われて入部した石田が副部長を務めることになる。

この時点ではまったく活動実績のない、創立間もない部であったものの、やはり「キムチ部」という言葉のインパクトは強烈で、「よくわからないけど、面白そうだな」と、好奇心による入部が続き、1年生6名を加えて、部員は総勢8名となった。

こうして、少しずつ「部」としての体裁が整っていくことになる。

さらに、キムチ部員によるアクティブな活動は続く。

12月から3月までの助走期間を終え、新年度が始まると同時に新入部員勧誘活動と並行して、すでに作成していた「年間計画」に従って、彼らはすぐにアクションを起こす。まずは4月12日に公式インスタグラムを開設し、初めての投稿を行った（以下、原文ママ）。

はじめまして。

私たちは、大阪府大阪市に大阪偕星学園高校の新設クラブ、『キムチ部』です！

『キムチを学び、キムチを作り、キムチで結ぶ』

を合言葉に、明るく元気よく活動していきます！

このインスタでは、そんなキムチ部の活動内容や、キムチにまつわるさまざまな情報を投稿していきます。どうぞ、よろしくお願いします。

ここに掲げられている「キムチを学び、キムチを作り、キムチで結ぶ」は、キムチ部がこれから歩んでいく理念を端的に表現したものだ。後述するが、世界に向けて広く開かれたＳＮＳの活用は、その後、キムチ部にさまざまな恩恵をもたらすことになる。

さらに、部活動紹介のポスターも作成され、学内のコンコースに掲出された。その文末には、こんな力強いフレーズが躍っている。

私たちはこの大阪・生野区・偕星学園という地で新たなオリジナルキムチを生み出します。

「キムチを学び、キムチを作り、キムチで結ぶ」「新たなオリジナルキムチを生み出します」、こうした文言に込められた意味とは何か？　顧問の沖田による説明を聞こう。

「このスローガンはみんなで考えました。《学び》《作る》というのは、文字通りの意味です。そして、《結ぶ》というのは、日韓交流はもちろんですけど、そこまで大きなことというよりは、地元の方々との地域交流、コリアタウンの方々との関係を《結ぶ》ということを考えていました。私は三重県名張市の出身ですけど、大阪に出てきて思ったのが、〝地域の人との関わりが少ないな〟ということでした。せっかく生野区にある学校ですし、横の繫《つな》がりをきちんと持つことは大切だし、地域の方の応援が生徒たちの力にもなる。私としては、〝コリアタウンのみなさんを味方につけたいな〟という思いがありました」

創部の第一の理念として、「地元の人々と交流する」を掲げた。

地域との交流はもちろん、異世代との交流にもなじんでいない部員たちにとって、「知らない大人に話しかける」ということはかなりハードルの高いことだった。沖田は言う。

「生徒たちは、いきなり見ず知らずの人に話しかけることができませんでした。それで、〝最初は私が動くしかない〟と思ったので、〝今度、偕星学園にキムチ部ができました！〟ってチラシを配りながらＰＲしました。〝ご迷惑かもしれませんが、キムチを作って持ってきますので、ぜひ食べたってください！〟と言って、一生懸命アピールしましたね」

当初はとまどい気味だった部員たちだったが、グイグイと行動する沖田の姿を目の当たりにするうちに、そして何度も顔を出すうちに、地元キムチ店との交流が少しずつ深まっていく。

少しずつ、少しずつ。そんな思いでコリアタウンに顔を出す日々が続いた。

「キムチ部イズム」は、リクルートイズムと猪木《いのき》イズムの融合!?

誰にも真似《まね》のできないオリジナルの「偕星キムチ」を生み出すために、まずは基本となる白菜キムチ作りに取りかかる。インターネットサイトを参考に、見よう見真似で「ファーストキムチ」を完成させた。誰もが未経験者だった。誰にも真似されない味を作るためには、まずは真似から始めるしかなかったのだ。

このとき、太田専務理事がかつて在籍していた「リクルートイズム」が発揮される。活動初日から、いきなりキムチ作りを行ったのである。

「リクルート時代の先輩に、〝太田、ＰＤＣＡじゃないぞ〟って言われたことがありました……」

ビジネスマネジメントにおいて、「ＰＤＣＡ」という考え方がある。「Ｐｌａｎ（計画）、Ｄｏ（実行）、Ｃｈｅｃｋ（測定・評価）、Ａｃｔｉｏｎ（対策・改善）」の頭文字を取ったもので、マネジメントの品質を高める際の古典的な概念となっている。

「……その先輩が言うには、〝リクルートの新人はＰＤＣＡじゃない。Ｄｏ・Ｄｏ・Ｄｏ・Ｄｏだよ〟ということでした。ちょっとウザい考え方ですけど（笑）。だから、キムチ部でも

《DDD》を発動したんです」

記念すべき活動初日、太田は栗川と楊に言った。

「はい、今日はキムチを漬けます！」

間髪入れずに、二人は「えーっ!?」と声を上げる。

それでも、言われたからにはやってみるしかない。まずはYouTubeを参考に手を動かすことから始め、実際に作ってみることからスタートするしかないのだ。

同様にコリアタウンへのチラシ配りも、太田は「とりあえず行ってみよう！」と、生徒たちに発破をかけることから始めた。

「地域の方へのごあいさつも、とりあえず〝行けばわかるさ〟の心境でした。生徒たちはあっけに取られていましたけど（笑）」

アントニオ猪木が引退試合において朗読して有名になった「道」という詩がある。その末尾は、こんな言葉で結ばれている。

迷わず行けよ、行けばわかるさ。

まさに、リクルートイズムと猪木イズムの融合である。

頭でっかちで、理屈ばかりが先行しがちな現代の高校生に対して、「とにかくやってみようよ！」と尻を叩《たた》き続けることこそ、これから始まる「キムチ部イズム」の礎となり、そして、そのイズムは少しずつ部員たちに浸透していくことになる。

「とても食べられたものじゃない……」

韓国では、各家庭に「おふくろの味」があり、その象徴となるのが「オモニ（母）のキムチ」である。朝鮮料理家にして、『キムチの味』（晶文社）の著書がある全京華《ジョンキョンファ》によると、「塩をしてシンナリする野菜ならなんでも」キムチになるという。

つまり、白菜を使った「ペチュキムチ」や、きゅうりを使った「オイキムチ」、あるいは大根の「カクテキ」だけでなく、一般の八百屋で販売されているものなら、ほぼすべての野菜がキムチとなり、その数は「数百種類もある」のである。

キムチの歴史は古い。

韓国農協によれば、7世紀頃から野菜の塩漬けが始まり、12世紀頃に各種香辛菜類が加わり始め、16世紀に唐辛子が伝来したことを契機に、18世紀頃から本格的にキムチ作りが始まった。そして19世紀になると、葉先まで重なり合っている結球白菜栽培が普及したことで、現在のキムチとほぼ同じものとなったという。

そして、キムチ作りにおいてポイントとなるのは「ヤンニョム」と呼ばれる香辛料や調味料である。漢字では「薬念」と書き、主にしょうゆや酢、にんにく、味噌《みそ》、コチュジャンがベースとなっている。そこに、粉唐辛子を筆頭にすりごま、砂糖、にんにくなどを加えていく。この配合が各家庭でそれぞれ異なるために、家庭ごとの「オモニの味」が生まれるのだ。そして、自分たちの味を見つけること。それが、「偕星キムチ」への第一歩となる。

当然、一度もキムチを作ったことのない部員たちはインターネット上にあふれる「キムチの作り方」を参考に、「ああでもない、こうでもない」と試行錯誤を繰り返すことになる。まったく未知の経験ではあったものの、自分の頭で考えて、自分の手を動かし、仲間と意見交換をしながら、「美味《おい》しいキムチを作るんだ」という一つの目標に向かって共同作業を行うことは楽しかった。

栗川大輝も、楊颯太も、いずれも高校入学時には、自分がキムチを作ることになるとは微塵《みじん》も考えていなかった。それでも、ほんの偶然から、学校の食堂で、制服を着たまま白菜や唐辛子と格闘することとなった。

塩加減はどうすればいいのか?
ヤンニョムの具材をどうするか、そして配合は?
どれぐらいの温度で何日間、発酵させればいいのか?

何もかも知らないこと、初めて聞くことばかりだ。すぐに知ったのは「キムチ作りは難しい」、そして「奥が深い」というシンプルな現実だけだった。

こうして、ようやくキムチ部員の手になる「ファーストキムチ」が完成した。

できたばかりのキムチをビニール袋に小分けして、「感想を（手厳しく）お願いします」と書かれたアンケート用紙とともに教師たちに配り歩いた。

「初めてにしては上できだ」という評価の一方、「辛いものが苦手な人でも食べられるように」と、砂糖を入れ過ぎてしまい、「甘いキムチ」となってしまったことで、手厳しい感想も多かった。キムチ部が作った「ファーストキムチ」に対して、副顧問の藤澤は苦笑いを浮かべて、振り返る。

「このときのキムチはあまりにも衝撃的だったので、今でも忘れられないです（笑）。正直に言えば、口の中に入れていられないぐらいのレベルでした。その後も、調味料が多過ぎたり、少な過ぎたり、なかなかキムチにならない。それでも、彼らは〝よし、先生たちに試食してもらおう〟と職員室に持っていこうとする。それを沖田先生が、〝こんなん持ってってたらアカン〟ってたしなめる。初めの頃はそんな感じのでき栄えでした」

キムチ部創設に尽力した梶本秀二校長も同様の感想を口にする。

「最初は、かなり甘いキムチだったんです。生徒たちは〝辛いキムチが苦手だ〟ということで、はちみつを入れたのか、砂糖を入れたのかわかりませんけど、とにかく甘かった。それに、味の深みも何もなかった。やっぱり、キムチというのはある程度の辛さが必要ですから、〝こんなん、キムチ違うやん〟ってハッキリ言いました。私は厳しいですから（笑）」

さっそく、あらかじめチラシを配布して、「すでに顔を売っているお店」に試作品を持参する。コリアタウンの一角にたたずむ宮本商店・宮本翼成《みやもとすけなり》が振り返る。

「最初のキムチ、よう覚えていますよ。口に出しては言われへんけど、〝ふざけとんのか〟って思いましたよ（笑）。まぁ、それは冗談やけど、白菜の味付けがまずはおかしい。基本となる野菜がふにゃふにゃで歯応えがないし、塩もききすぎていた。味については、人それぞれの好みがあるから一概には言われへんけど、基本がなっていない点については、ハッキリと指摘しました」

宮本は、素材選びについても丁寧にアドバイスを送った。

「白菜の産地によってまったく味は異なります。奈良産の白菜は安いけど、うちでは使いません。季節によっても違うけど、茨城産、あるいは信州産のものを使うことが多いです。もちろん、塩も季節によって変えなければいけない。うちはすべて粗塩を使っているけど、冬場の塩を夏場の白菜に使ったら、めちゃくちゃ塩辛くなってしまう。そして、白菜を割ってみたときの目の詰まり方で塩の量を変えなければいけない。当然、365日、同じ配分になることはない。毎日、違うんです。これはもう長年の感覚としか言いようがない。要は慣れなんです」
宮本が生徒たちに教えた大事な教訓がある。

料理は足し算だけちゃうで、引くことも覚えや——。

素人はどうしても味を加えたがる。しかし、ときには「あえて加えない」「あえて少量にする」といったさじ加減が大切になるという。キムチ作り初心者である部員たちが、その極意を理解するにはまだ早かったのかもしれない。それでも、宮本は「僕らが知っていることは出し惜しみせずに、全部伝えるつもりやった」と真剣な口調で語った。
そして、この教えは後に大きな意味を持つことになる——。

沖田の友人、知人に「コリアタウンでお勧めのキムチ店は？」と尋ねると、それぞれが思い思いのキムチを挙げた。それらを片っ端から買ってすぐに学校に持ち帰って、みんなで品評会を行う。
ひと言で「白菜キムチ」と言っても、店によってまったく味が異なる。実に多種多彩で、それはすなわち、改めてキムチの奥深さを証明するものであった。

（う～ん、キムチは奥が深いなぁ……）

コリアタウンがすぐ近くにあるということが、早くも大きな武器となっていた。当初、太田専務理事が目論《もくろ》んでいた「地域との交流」「偕星学園との親和性」が早くも実現する兆しが見えてきた。地元の人々の支えを受けつつ、和気あいあいと和やかなムードで、キムチ部としての活動が始まった。

自分たちだけの専用農園「キムチ部ファーム」

全国初の試みとなるキムチ部に対して、学校サイドも全面協力を惜しまなかった。活動場所として、放課後の食堂を使うことが可能となった。これにより、厨房《ちゅうぼう》に入り、作業台を使わせてもらい、キムチ作りに取り組むことになった。

さらに、学校から支給された部費を使ってキムチ専用冷蔵庫を購入した。

韓国では一般的なもので、韓国ドラマを見ているとしばしば登場するので、日本でもなじみのある人が多いだろう。これは通常のものとは別に、文字通りキムチ専用の冷蔵庫であり、他の食材に匂いが移ることを防止するだけではなく、キムチの適正な発酵を促す意味でも重宝されている。

キムチ専用冷蔵庫が発表されたのは84年のことと言われている。発売と同時にすぐに好評を博し、98年には25万台、01年には120万台と、驚異的な普及率を記録し、一説によれば、現在では90パーセント以上の韓国家庭が保有しているという。

一般の冷蔵庫の場合、ドアの開け閉めを繰り返すことで冷蔵庫内の温度が一定せず、その温度差によってキムチの味が変化してしまうのだという。しかし、キムチ専用冷蔵庫の場合は、主に引き出し式、あるいは上部開閉式となっており、ドアを開いても冷気が外に流れにくく、温度設定も簡単に操作できるようになっている。

この冷蔵庫を、活動拠点である食堂の厨房内に置かせてもらえることになった。これにより、コリアタウンで買ってきた大量のキムチも、自分たちの手になる試作品も気兼ねなく安定保存が可能となると同時に、温度設定の違いによる発酵具合を記録できるようになった。

キムチは科学食品でもある。温度による発酵の進み具合、塩分濃度による浸透圧の違いによって、味はまったく変わってくる。

キムチ専用冷蔵庫は、「偕星キムチ」開発に向けての強力な秘密兵器となる。

さらに、学校は予期せぬ「プレゼント」をもたらしてくれた。

校内の花壇をキムチ部専用の畑として使用する許可を与えてくれたのだ。そこには、塾経営における障害者雇用の一環として「かいせいファーム」を運営していることがヒントになっている。その狙いを、太田明弘理事長が語る。

「ハンディキャップのある方を中心に、私は《かいせいファーム》という畑を運営しています。今後、キムチ部の生徒たちもここに協力させてもらって、〝自分たちの作った野菜でキムチを作るのもいいかもしれない〟と考えました。単にキムチを作るだけでなく、野菜作りから始まって豊かな土壌作りを学んだり、ときにはキムチに合うお米作りを経験してみたり、そこから環境問題を考えてみたり。単にキムチだけにとどまらずに興味や関心の領域を広げていくことも大切だと考えたんです」

これを受けて、校長も全面協力を惜しまなかった。すぐに、校内の一角をキムチ部に提供することを決めた。太田理事長の狙いはピタリとハマった。4月24日付の公式インスタグラムにはこんな一文が載っている。


「いつか自分たちで育てた野菜をキムチにしたい」

との思いをもとに、ついに！

キムチ部ファームが完成しました！

部員たちが放課後の時間を使って、ぽくりぽくりと耕し土壌を作り、きゅうりと枝豆と葱《ねぎ》を植え付けました！

皆、農作業は初心者です。最初は失敗が続くとは思いますが、いつか美味しい野菜を作り、オリジナルキムチが完成することを夢見て、頑張りたいと思います。

さらに、5月12日の投稿を引用したい。

我らがファームのきゅうり、3週間目です。雨の恵みもあって、どんどん成長してくれています。いつか作ったきゅうりを使ってオイキムチが出来たら!を夢見て育てております!

順調にきゅうりが成長して興奮している様子がよく伝わってくる。沖田が言う。
「キムチ部ができるときに、〝いつかは畑もやりたい〟と思っていました。いつの日になるかはわからないけど、〝自給自足で作った野菜でキムチを作ることができれば、それこそ本当の《偕星キムチ》になるんちゃうかな?〟という目論見が、私にはありました。そんな思いで校長先生にお願いしたら、花壇の一部を畑にしてもらえるようになりました。キムチ専用冷蔵庫の件もそうですけど、学校からの協力体制はとてもありがたかったです」

前述した5月12日付の投稿にはこんなハッシュタグが付記されている。

#枝豆は失敗（泣）

キムチ部として初めての作品となる「ファーストキムチ」は思うように作れなかった。「今度こそ！」の思いで作った「セカンドキムチ」も他人に食べさせるにはまだまだ課題ばかりの作品となった。さらに、枝豆作りも失敗した。

けれども、今はそれでいいのだ。

どんどん失敗して、少しずつ成長していけばいいのだ。

理事長も校長も、キムチ部の生みの親である太田専務理事も、もちろん沖田、藤澤両顧問も、楽しそうに日々の活動に励んでいるキムチ部員たちの姿を温かく見守っていた。

キムチ部は順調な滑り出しを見せていた。

キムチのプロ・高麗食品から突然のＤＭ

公式インスタグラム開設は、思わぬ副産物ももたらした。

６月９日、一通のＤＭが届いた。差出人は「高麗食品・黄成守」となっている。大阪で代々続くキムチメーカーの工場長からのものである。

「ある会合で知り合った方から、〝私の知人がキムチ部の顧問をしている〟と聞いたことがきつかけでした。その瞬間、〝えっ、キムチ部？〟って、とてもビックリしました。キムチメーカーの人間としては、俄然《がぜん》興味がわいてきて、すぐに検索して、キムチ部のインスタのことを知りました。それで、〝キムチ好きの人間としては非常に興味深いので、ぜひ交流させてくださいい〟ということと、〝何か、僕でお役に立てることはないですか？〟と個人的な興味からDMを送りました」

黄が知り合ったのは、沖田顧問の知人だった。

リアクションはすぐに返ってくる。翌10日には、太田専務理事自ら返信する。

「沖田の知人が黄さんと知り合いだということで、DMが届きました。それですぐに私が会いに行ったんです。もう、音速で菓子折りを持って、〝こんにちは〜〟って（笑）。本当にざっくばらんとした雰囲気で、私たちが目指していることをお伝えしました。黄さんも、すごく喜んでくれて、〝すばらしいです、嬉《うれ》しいです、応援します〟って言ってもらいました。それで、〝いつでも工場見学に来てください！〟と言われたので、すぐに日程を調整して、部員たちと一緒に工場にお邪魔させていただくことになったんです」

このとき、太田は改めて感じたことがあったという。

「キムチ部を作ると発表したときの沖田がそうだったように、このときの黄さんも、本当にピュアな思いから、私たちに連絡をしてくれたんだと思うんです。そして、ピュアな思いで協力を申し出てくれました。私自身も、ピュアな思いからキムチ部を立ち上げましたけど、必ずピュアな部分を感じ取ってくれるピュアな人が現れる。それは本当に幸せなことでしたし、勇気の出る思いでした。さらに黄さんは、進んで私たちのことをブログに書いてくれました」

太田が言う「ブログ」を引用したい。高麗食品の公式ブログ「工場長日記」（22年8月6日付）から引用する（以下、原文ママ）。

高校の部活動でキムチを作る「キムチ部」とは・・

大阪商品計画のOB会で知り合ったから方から聞いた一言に驚きました。

「私の友人でキムチ部の顧問してる人いてるんです♪」

僕の通っていた金剛学園（韓国系の学校）でも、そんな部活は存在しなかったですし、未《いま》だかつて聞いたこともないです。

聞くと正式なクラブとして活動しているとのことで更に驚きました。

また、めっちゃくちゃ嬉しかったです♪

韓国にルーツを持つ者として・・・、キムチの作り手として・・・、キムチが好きな人として・・・。

さらに、キムチ部の手になるオリジナルキムチを食したときの感想とともに、キムチ部への愛情あふれる思いも記されている。

部活動で作ったキムチを食べさせてもいただきました。
思っていたよりも完成度が高く、しっかり辛い‼
4月から始動して独学で進めているとは思えないほどでした。
保健所から営業許可もとるそうで、本気度がうかがえます。
(キムチは昨年まで不要でしたが、昨年から営業許可の取得が必要となっています)
秋の文化祭で豚キムチとしてデビューするそうで楽しみですね♪
僕は関係者でも保護者でも卒業生でもないですが、最大限協力したいです。
やっぱキムチの作り手として嬉しいですもん♪
ご縁がつながったことに感謝しています。

「関係者でも保護者でも卒業生でもない」黄からの温かいエールは、部員たちにとってはもちろん、太田専務理事、沖田、藤澤両顧問にとっても、大いに勇気づけられたはずだ。ブログ記事中にあるように、韓国系の学校にすら存在しないキムチ部が、少しずつ大きなうねりとなって、さまざまな人たちを巻き込もうとしていた。

「自分の頭で考えること」と、「自分の考えには価値があるのだと知ること」

ここまで多くの人がキムチ部のために尽力してくれることになるとは、太田専務理事にとっても予想外のことだった。しかし、それ以上に驚いたことがある。それが、生徒たちが「自分で考える力」を身につけ始めていたことである。

「私が生徒たちにずっと言ってきたことが二つあります。一つは、〝自分の頭で考えてください〟ということ。そしてもう一つは、〝自分の考えていることには価値があるんだと知ってください〟ということでした」

太田が生徒たちに求めるものは「自分の頭で考えること」と、「自分の考えには価値があるのだと知ること」だという。

「私たちの寄り添い方に課題があるだけなのですが、本校の生徒は、誰かに何かを言われないと動けないことが多いと感じています。保護者のみなさんを招いて、キムチ作り講習会を開いたことがあります。そのとき、ある部員がとても不安そうな顔でずっと立っていました。この場で、自分は何をすればいいのかわからないようでした。そんなときはスーッと近づいて、〝今、何考えてんの〜？〟と聞きます。すると〝えっ、何をしたらいいのかわからないです〟って言うので、〝わからんときは、二つの方法があると思う。一つは誰かに聞くこと、もう一つは誰かの真似をすること。どっちがいい？〟と説明した上で、〝そうか、じゃ沖田先生に聞いてくれれば？〟と言いました。重い感じじゃなくて、〝どう思う〜？〟って軽い感じになるように、なるべく重くならないように聞くようには意識していますね」

かつて、沖田が「太田専務は生徒たちの意見を尊重して、なるべく自分で決めさせるのが上手だ」と語っていたことが思い出される。

確かに、太田は常に生徒たちに話しかけている。たわいもない雑談のようでありながら、「どう思う〜？」「何かいい方法ないかな〜？」と、いつも問いかけている。質問を投げかけられた側は、必然的に「答え」を求められる。自分の頭で考えざるを得なくなる。

大切なのは「答え」ではなく、「問いかけ」である——。

まるで、そんな信念があるかのように思えてくる。

もう一つの「自分の感じていること、考えていることには価値があると理解させる」とは、どういうことなのか？

「うちは、決して偏差値の高い学校ではありませんから、中学時代にいろいろな問題を経験していたり、自信をなくしたりしている生徒もいます。だからこそ、自分が考えていること、思っていることには価値がある。そう思ってもらうように意識しています。どんな人の考えにも、必ず価値はありますから。だから、生徒たちが何かアイディアを出してきたときにも、〝そんなんアカン〟とか、〝そんなん無理や〟とは言わずに、〝それは、こういうところが面白いな。でも、こうやったら、もっといいんちゃう？　どう思う？〟と逆に尋ねるようにしています。その点はすごくこだわってきました」

やはり、ここでも問いかけである。

まだまだスタートしたばかりだった。

これから、いろいろ問題や難問が目の前に立ち現れることもあるだろう。それでも、確実に生徒たちは変化の兆しを見せ始めている。誰も経験したことのない「キムチ部」を拠点として、外部の人たちを巻き込みながら、生徒たちは変わろうとしている。

中学時代に心の傷を負った者も、自信を失っていた者も、「キムチ部」を通じて、何者かに変わろうとしている。

何もないところから始めて、少しずつ部活動としての体裁を整えつつある。「新しい何か」が始まる。そんなダイナミズムが誕生しようとしている。

「私自身、いろいろと至らないところも多いんですけど、自分の強みとしては《ヴィジョンを生み出す力》と《仲間を集める力》だと思っています。財務も人事も、労務のことももっと勉強が必要ですけど、私にはヴィジョンがあって、仲間を作る力は長《た》けていると思います。沖田や栗川、楊が自ら手を挙げてくれたように、キムチ部の活動を通じて仲間が集まってくれました。いい流れが生まれ始めていると感じていました」

太田自身、社会に対する違和感を持ちながら、個性的な人生を歩んだ末に、大阪偕星学園にやってきている。詳しくは第四章で述べるが、太田のパーソナリティが明らかにキムチ部のカラーを生み出していると言えるだろう。

*

22年8月5日の公式インスタでは一学期の活動を振り返り、二学期の目標についての記述がある。文責は顧問の沖田である（以下、原文ママ）。

キムチ部1学期終了！

今晩は。今回は顧問が更新します。今年から始動したキムチ部、最初は2人だけだったのが、3人、4人とメンバーが増え、一年生も入部してくれて、8人の愉快な仲間たちが毎日楽しく活動

してくれています（感涙）

キムチ部で活動して気付いたことを挙げると、

①キムチは奥深い・・・・！
この４ヶ月《かげつ》でありとあらゆるキムチを食べてきましたが、キムチの定義とは？と思うくらい様々なキムチが存在すること。

②地域交流が熱いっ‼
生野区のコリアンタウンをはじめ、沢山の人が私達《たち》を応援してくださっています。ぽっと出の私たちに、時に優しく時に厳しく接して下さるその温かさに触れる度、部員たちのモチベーションが高まっています。（いつかキムチプロの仲間入りして、肩を並べるのが目標です！）

③食べものの大切さ
畑で一から自分達の手で野菜を育てる過酷さ、喜び。失敗を繰り返し、挫折しかけることもありましたが、おいしいきゅうりが沢山育ってくれました。

現状、やっと人に食べてもらえるレベルのキムチを作れるようになりました。部員たちが試行錯誤して、皆で作り上げています。顧問も食品衛生責任者となりました。これからも成長し続けて、いつかは有名ブランドになれるよう二学期も頑張りたいと思います。

二学期の目標は、
・文化祭の屋台、「豚キムチマン」で伝説を創ること
・漬物グランプリのキムチレシピの完成
・偕星キムチの完成

ですです！フォロワーの皆様、これからも応援よろしくお願いします！

偕星のみんな！文化祭は面白い仕掛けも沢山用意しています。楽しみにしててねっ‼

＊

このインスタ記事には、新学期が始まってから怒濤《どとう》の4カ月間のでき事が網羅されている。
手探りで始めた中で、一歩ずつ、道を切り開いてきた。

そこには、太田専務理事や沖田、藤澤両顧問の奮闘があった。

しかし、大人がレールを敷いただけでは物事は進まない。主役である生徒たちがポジティブに、そしてアクティブに活動したからこそ、さまざまなことが動き出したのである。

大人たちは「生徒たちが変わり始めている」と語っていた。その代表格が部長である栗川大輝だ。決して強力なリーダーシップを発揮するタイプではない。それでも、独特のオーラをまとう栗川の存在があればこそ、キムチ部の黎明期《れいめいき》が築かれたのは間違いない。

太田は言う。

「生徒たちはそれぞれに輝くものを持っていますが、栗川は特殊な子なんです。彼は、何かを持っていますね……」

太田は続ける。

「……栗川の持つピュアな気持ちが、いろいろなことをキムチ部に引き寄せているように思えるんです。〝持っているな〟と思わせられることがよくあるんです」

屈折した中学生時代を過ごしていたという栗川大輝とは、一体どんな人物なのか？

第三章
「謎の自信」を持つ部長
——栗川大輝と楊颯太副部長

特別支援学級・笠井《かさい》由美子の奮闘

中学時代はほとんど自宅から出ず、学校に通わなかった。

「ひきこもり」や「不登校」と呼ばれる多くの事例がそうであるように、栗川大輝の場合も、きっかけは一見するとささいに思えることだった。小学5年生の3学期にオンラインゲーム上で、1年生の頃から仲のよかった親友とケンカになった。以来、両者の関係はギクシャクする。それからは学校に通う機会が減り、たまに学校に行っても教室には入りづらく、校長室で校長先生と過ごした。必要な勉強は校長先生から教えてもらった。

他人から見れば、それは「ささいなこと」かもしれない。しかし、もちろん本人や両親、学校の先生など、当事者にとっては決して「ささいなこと」では片づけることのできない一大事である。

この状況は大阪市立白鷺《しらさぎ》中学校入学後も変わらなかった。

中学ではバドミントン部に入部した。授業を受けることは少なかったが、気が向いたときには放課後にマイラケットを持って学校に行くこともあった。

中学2年生になる頃に、この状況に変化が訪れる。

特別支援学級のベテラン教諭・笠井由美子が2年生担当となったのである。ベテランらしい穏やかな口調で、笠井が当時を振り返る。

「私が栗川君……、普段から《栗ちゃん》って呼んでいるので、《栗川君》だと変な感じやから、《栗ちゃん》って言わせてもらいますね。栗ちゃんと本格的に関わるようになったのは、彼が中学2年に進級したときのことでした。それまで私は3年生の担当だったんですけど、ちょうどこのタイミングで2年生担当になりました。それまでは放課後に学校に来てバドミントンをしている姿を、〝よし、よし。いい傾向だな〟と思いながら、遠くから見ている程度でした。でも、私が2年生担当になったことで、そこから栗ちゃんとの本格的なつき合いが始まりました」

一気に状況が好転することはなかったけれど、少しずついい兆しは芽生え始めていた。そして3年生になると、栗川にとって、そして笠井にとってさらなる援軍を得る。

白鷺中学教諭・泉和樹が振り返る。

「僕は栗川が入学すると同時に、この中学に保健体育の教員として転勤しました。……あ、僕も普段は《栗ちゃん》と呼んでいるので、そう呼ばせてもらいます。中1のときは授業だけでのつき合いやったけど、中3のときに彼のクラスの担任になりました。それまで、栗ちゃんと関わるのは体育の授業だけでした。だけど、彼の場合はあまり学校に来ていなかったので、放課後に学校にいる姿を見つけたときに、授業で使ったプリントを手渡したりする程度でした。でも、中3からは少しずつ状況が変わりました」

ハキハキと受け応えをする姿は、まさに体育教師のそれである。笠井教諭が続く。
「私たち特別支援学級の場合、担任の先生との連携がいちばん多くなります。10教科それぞれの先生との連携もありますが、やっぱりその中心は担任の先生になります。それに、中3になると、当然進路のことも考えなければならなくなる。そこで、担任の泉先生と一緒に、栗ちゃんについての《作戦会議》を開く機会も増えていきました」
笠井が口にした「作戦会議」とは、どんなものだったのか？
「私は毎日の生活面全般について見ていますから、お母さんのような雰囲気で本人の気持ちをよく聞くようにしていました。でも、ただ甘やかすだけでもダメで、励ましつつも、〝毎日、学校に来なアカンやろ〟とか、〝それはダメやな〟とか、叱る点は叱る。それは意識していました」（笠井）
「生活面については、笠井先生から細かい点をいろいろ注意してもらっていたので、僕から何かを言うことはあまりなくて、僕の場合は進路について話すことが多かったですね。実際に栗ちゃんも、〝由美子先生に、こんなことを言われた……〟とか、凹《へこ》んでいることも多かったので、そういうときにはひたすら、聞き役に徹したりしましたね」（泉）
笠井が母親の役割を演じ、泉が父親を演じる。一方が厳しく接すれば、もう一方は優しくなだめる。自然とそんな役割ができあがっていた。

朝、栗川の自宅に迎えに行くのは笠井の役割だった。

「特別支援学級には、大体1学年に14～15人ほどいます。私は、中2、中3と栗ちゃんの担当だったので、彼の自宅には何度も足を運びました。私が担当する中では、栗ちゃんがダントツで多かったですね」

自宅まで迎えに行くことを快く受け入れてくれる家庭もあれば、まったく正反対で「プライバシーを侵害されたくない」と考える家庭もある。栗川の保護者は前者だったことが、笠井には幸いした。

「生徒たちに対しては、いろいろなアプローチがありますけど、そこには各ご家庭の考え方がすごく大きく影響します。中には、〝家には来ないでほしい〟というご家庭ももちろんあります。だけど栗ちゃんのご家庭は、私を受け入れてくれる環境がありましたし、お家の中まで入れて下さりました。それで、〝栗ちゃん、そろそろ、起きや〟みたいなことを言うわけです。それはご家庭のご協力がなければできないことですから」

始業前に自宅まで足を運ぶ。それでも、何も収穫もなく家を後にすることも多い。徒労感に襲われることもあったはずだ。しかし、笠井は大きく首を横に振った。

「いえいえ、それはもう、当然のことですよ。どの子の家に行ったとしても、突然起こされて機嫌よくスッと起きれる子なんていてません。それでいいんです。だけど、栗ちゃんの中には、〝あっ、由美子先生来たな〟っていう印象が少しずつ残っていく。それが1回、2回、3回と積み重なっていくことに意味がある。そのことを覚えていてくれたらいい。そのときに、起きれる、起きれへんは置いといたとしても、それを覚えていてくれればいい。栗ちゃんの場合は、それが本人の中に残る生徒だから、それでも行き続けていたというのはありますね。実際に私がお家に行った日にまったく休んでしまうことはなかった気がしますから」

穏やかな関西弁が耳に心地いい。多くの子どもたちが心を開いてきたベテランらしいほんわかした温かさが印象的だ。

こうして、粘り強く、根気強く通っているうちに、少しずつ心の扉も開かれていく。

さらに、質問を重ねる。「必ず栗ちゃんは学校に行くようになる」という確信を持っていたのですか、と。何の逡巡《しゅんじゅん》もなく笠井は即答する。

「あります。それがなかったら続けられない」

栗川が、自身の中学時代を振り返る。

「寝てるときに起こされると、マジで機嫌が悪くなってしまって、キレてしまうこともありました。それでも、由美子先生が家まで来てくれた日は、お昼過ぎぐらいからでも、少しずつ学校に行くようになっていきました」

担任の泉も、中学3年時の栗川の変化をハッキリと記憶している。

「中3の1学期には欠席する日が格段に減って、きちんと朝から登校する日が増えていきました。さらに2学期になると教室で過ごす時間も長くなって、みんなと過ごす時間も増えていきました」

教師たちによる地道な取り組みが、少しずつ実を結ぼうとしていた。

そして、大阪偕星学園高校へ

卒業後の進路を考える時期がやってきた。担任の泉が振り返る。

「当初から高校進学を望んでいたので、一緒になって高校を探しました。そのうち、栗ちゃんから〝ここに行きたいんやけど……〟と僕に言ってくれるようになりました。でも、その学校は学力的にちょっと厳しかった。そこで、模試の結果などを踏まえて考えた結果、本人の口から〝偕星学園に行きたい〟と言うようになった。それで、〝じゃあ、頑張ろうか〟ということになり、〝いろいろ頑張らないと合格しないよ〟ということを忌憚《きたん》なく言い続けて、本人もきちんと頑張った結果、見事に合格しました。僕も本当に嬉《うれ》しかったです」

数ある高校の中で、栗川はどうして大阪偕星学園を選んだのか？　本人の胸の内には明確な理由があった。

「最初は別の高校を目指していました。校舎もキレイやったし、先生たちの雰囲気もよかったから、めっちゃそこに行きたかったんですけど、学力レベルがまったく違って、僕にはちょっと厳しいかな、って。そのときに塾の先生から、〝大阪偕星はどう？〟って勧められて、オープンスクールに行くことを決めました」

大阪偕星学園のオープンスクールで個別の進路面談を行った。その際の担当者の人柄に好感を持った。さらに、栗川の胸を打ったのが「進路探求コースに行けば、中学時代の学び直しができる」という点だった。

自分には、中学レベルの学力が不足している——。

自分を客観視する冷静さを持ち合わせているのも、栗川の特徴のひとつである。


さて、ここまでの栗川の発言には、聞いている者に疑問を抱かせるような点がいくつかあった。一般的に報じられているような類型的な不登校の理由とは無縁だったからだ。

クラスメイトからのイジメや無視、迫害があったわけでもない。担任に対する不信感を抱いていたわけでもない。両親も愛情を持って栗川と接し、親子仲が悪いわけでもない。

また、本人が述べているように、小学6年生の頃から個別指導の学習塾にも通っていたため、英語にはある程度の自信があった。決して勉強が嫌いなわけでもない。さらに、放課後にはバドミントンのラケットを持って学校にも行っている。

イジメによる不登校。

両親や教師への反発。

学力不足による落ちこみ。

無気力によるひきこもり。

そんなステレオタイプには決して当てはまらないのである。もちろん、個々の理由はさまざまだ。当時の彼にとって、言葉にできない何か、胸につかえる思いがあったのだろう。彼の中には何か感じるものがあってのことだったのだろう。

さて、本題に戻ろう。栗川が大阪偕星学園に魅力を感じたのは、「中学時代の学び直しができる」という点だった。本人の口から、その理由を語ってもらった。

「偕星の進路探求コースに行けば、〝自分に足りていないところを補える〟というのが魅力でした。やっぱり、中学時代にきちんと授業を受けていたわけではないから、自分は他の人と比べたら、まだまだ知らないこと、わからないことも多いし、それを高校で補いたいなっていう気にもなったので……」

このとき栗川は、早くも「入学後の野望」を抱くことになる。それが、「進路探求コースから、特進コースへの転籍」である。

大阪偕星学園には、次の4つのコースがある。

・特進コース

・文理進学コース
・進路探求コース
・スポーツコース

特進コースは難関大学進学に特化したカリキュラムである。学校案内パンフレットによれば「関関同立や近大などの難関私立大学」を目指すものだ。「関関同立」とはもちろん、関西大学、関西学院大学、同志社大学、立命館大学の頭文字を組み合わせたものだ。

一方の文理進学コースは「産近甲龍《さんきんこうりゅう》・摂神追桃をはじめとした私立大学文系学部」となっている。関西圏以外の人にはなじみが薄いかもしれないが、「産近甲龍」とは、京都産業大学、近畿大学、甲南大学、龍谷《りゅうこく》大学で、「摂神追桃」は摂南大学、神戸学院大学、追手門学院大学、桃山学院大学の略称となっている。

そして、栗川が心惹《ひ》かれたのが、「中学時代の学び直しができる」という進路探求コースだ。学校案内によれば「学びなおしで〝わからない〟をなくしたあと、4つのステージに分かれて知識・技術を身につける」とある。

オープンスクールで4つのコースの存在を知った栗川は、まずは「進路探求コース」に魅力を感じた。そしてすぐに「特進コース」への憧れを募らせた。

「不登校だった頃、どうしてだかわからないけど、〝オレやったら、何でもできる！〟っていう謎の自信があったんですよ。だから、本当は特進コースに行きたかったけど、〝でも、現実的にはレベルが高くてついていかれへんな〟って思ったんです……」

現実的で賢明な判断だった。しかし、手元の入学案内パンフレットを見ていて、「あること」に気がついた。

「……パンフレットに4つのコースの説明があったんですけど、そこには進路探求コースから特進コースに進む矢印が書いてあったんです。めっちゃ細い線なんだけど、確かに矢印が書いてあったんです。それで聞いてみると、〝入学後に途中で進路を変えることも可能だ〟って言われて、〝だったら、まずは進路探求コースに入学して、2年生になるときに特進に行けばいいや〟って考えたんです」

このとき、本人が言う「謎の自信」が頭をもたげてきた。

入学後のコース変更は認められている。しかし、実際にはほとんど例がない。可能性はゼロではないけれど、現実的には「ゼロ」と言っていいほどだった。

そんな現実を知らない栗川は、オープンスクール後、密《ひそ》かなプランを描いていた。

（英語はそこそこできるから、あとは国語とか数学をきちんと補えばいいかな……）

その根底にあったのは、こんな軽いノリである。

（入学後1年もあれば、まぁ十分でしょ！）

すでに高校合格を決めている前提だった。

「とりま、上に行きたい」という密かな野望

2021年4月、栗川は大阪偕星学園に入学する。

当初の計画通りに「学び直し」を目指し、熱心に授業を受ける日々が始まった。さらに、高校入学後、クラスの委員長になった。1年生の秋には生徒会選挙に立候補を決めた。空白の時代を取り戻すかのように、栗川はアクティブに活動する。

「別に、〝生徒会活動をしていれば特進に進むのに有利だ〟という考えがあったわけじゃないです。〝何かやってみたかったから〟という、ホンマに漠然とした理由しかなくて、立候補したら当選しちゃった、そんな感じでした」

当時、彼の胸の内にあったのは「とりま、上に行きたい」という漠然とした思いだ。「とりあえず、上に」と語る「上」とははたして何か？

「《上》というのは、何だろう？　〝もっともっとすごくなりたい〟という思いかな？　どこからそんな思考が生まれてきたのかはわからないけど、昔からずっと〝お金持ちになりたい〟という思いはありました。そして、1年生の頃に考えていたのは、〝とりあえずお金持ちになりたい〟ということと、〝社会的に成功したい〟という思いでした。自分にとって、《お金持ちになること》と《社会的に成功すること》は一緒の意味でした」

こうして、21年10月、栗川は生徒会副会長に当選する。このとき、同じタイミングで生徒会会計に当選したのが同じく1年生の楊颯太だ。

楊にとって、同学年の栗川の存在はとてもまばゆく映っていた。

「生徒会選挙が10月末にあったんですけど、11月、12月と栗川と一緒に過ごすうちに、〝彼は最高に面白くて、最高にクレージーな男だ！〟と思って、すぐに、〝彼のやることについていこう！〟と決めました」

なぜ、楊は「栗川についていこう！」と、一瞬で魅了されたのか？　その理由はとてもシンプルなものだった。

「当時の僕は、他人に対して、ものすごく分厚い壁を作るタイプの人間でした。でも、生徒会選挙に向けて、各立候補者が自分の名前を書いた紙を段ボールに貼って選挙運動をするんですけど、その活動中に、栗川がめちゃくちゃしゃべりかけてきてくれて、僕の中の分厚い壁を一瞬でぶち破ったんです。そのときに、〝あぁ。こいつとならめっちゃ仲良くなれるわ〟って思って、一気に信頼するようになりました」

一方、栗川は楊のことをどのように見ていたのか？

「1年生のときから、めっちゃ気が合う友だちです。ちゃんと話を聞いてくれるし、相談にも乗ってくれる。すごく優しい人です。そして、今もそうなんですけど、楊君は僕のことをすごく慕ってくれているのが伝わってきます。話をしていても、絶対に僕についてきてくれる、そんな感じを受けます。理由ですか？　自分ではよくわからないけど、僕が持っているもの、考えていることを好いてくれたのかな？」

ともに人見知りで、他者に対して厚い壁を築きがちだった二人は、「めちゃくちゃしゃべりかけてきてくれ」たことで、あるいは「ちゃんと話を聞いてくれ」たことで、急速に親密になっていく。こうして、部長と副部長の理想的な関係ができあがっていく。

栗川と楊が出会ってからおよそ1カ月が経過した12月のある日――。

生徒会室にやってきたのが、太田尚樹専務理事である。

「キミたち1年生に話があるんだけど……」

このとき、太田が口にしたのが「キムチ部を作ろうと思うんだけど……」という一件であることはすでに述べた。太田の提案に対して栗川が一気に食いつく。楊が、それに続く。

「僕自身も、〝キムチ部楽しそうやな〟とは思ったけど、それ以上に〝栗川がやるなら、オレもやろう〟というのが、正直なところでしたね」（楊）

「聞いた瞬間に、〝楽しそうだな〟と感じたので、とりま、手を挙げた。そんな感じで特に深い意味はなかったです（笑）」（栗川）

こうして、栗川も楊も、何の迷いもなく「とりま」キムチ部への入部を決めた。

第一章で楊が語っていたように、キムチ部誕生直後に「活動目標」を定めていくことになった。楊の言葉を借りれば、「このときの栗川はとんでもなかった」という。

改めて、栗川による「キムチ部活動計画」の一部をおさらいしたい。

2022年3月……公式インスタグラム開設
9月……文化祭に出店
10月……『おはよう朝日です』（朝日放送テレビ）出演
2023年4月……漬物グランプリ獲得
4月……「偕星キムチ」商品化

ここに挙げた計画は、多少の差はあれどもすべてが実現する。しかも、ほぼ思い描いた通りのタイミングで。栗川の言葉を聞こう。

「やっぱり、これも謎の自信です（笑）。〝何とかなるし、絶対いけるっしょ〟っていう感覚でした。何も根拠はないんですけど」

何も持たざる者が、道なき道を歩むための武器となるもの、それが「謎の自信」なのだろうか？　まだまだ怖いもの知らずだった。後に活動が本格化していく中で、いろいろと人間関係に悩んだり、壁にぶち当たったりすることも生まれてくるのだが、この当時の栗川による「謎の自信」がキムチ部に大きな力を与えていたことは間違いない。

それにしても、入学以来の栗川のバイタリティはすさまじい。

特進コースへの転籍を目指しつつ、クラスの委員長を務め、生徒会では副会長になった。その一方ではESS（English Speaking Society）部に入部していた。中学時代から英語には興味があったからだ。それでも、「さらに他のこともしてみたいな」と考えていたときに、太田からキムチ部のことを聞いた。何も迷いはなかった。

ノリは軽い。フットワークも軽い。興味のあること、楽しそうなこと、知らないことに関しては「とりま」、やってみる。

不登校のために、特別支援学級・笠井由美子や、担任の泉和樹が「何とか栗ちゃんに楽しい学校生活を過ごしてほしい」と心を砕いていた中学時代からは信じられない変貌ぶりだった。他者からの働きかけではなく、何事においても自ら行動を起こす人間に生まれ変わりつつあった。栗川は、確かに変わった。

鬱屈した中学時代を一気に取り戻すかのように、栗川は疾走を続ける。そして、キムチ部への入部が、「ニュー栗川」にとってのさらなるブーストとなると同時に、「謎の自信」も、ますます強くなっていく。

栗川を支える副部長・楊颯太

栗川とともにキムチ部創設部員となった楊颯太――。

本人は「他人に対して分厚い壁を築きがち」と自己分析しつつも、同級生や下級生など分け隔てなく談笑している姿が特徴的だ。

大阪・豊中市でコンサルティング業を営む父の姿を見て育った。地元の商店と緊密にコミュニケーションを図りながら、ともに成長、発展していく姿を見るのが好きだった。

「幼い頃から父の姿を見ていましたけど、地域に根ざして物事を広げていく作業はすごくすてきなことだと感じていました。僕自身は、このコリアタウンに強い思い入れがあったわけではないけど、大阪偕星学園に入学したことで、この地域に縁ができた。キムチ部に入ったことで、コリアタウンの人たちと関わりができた。高校生のうちから、地域の人たちと交流を持てる機会があるのはすごく楽しいし、僕がいちばん熱を入れているのも、地域の人々との交流ですね」

活動時間内だけではなく、個人的にもコリアタウンに足を運ぶようになった。おそらく部員の中でもっとも社交的であり、「キムチ部の広報活動を」という意識が強いのが楊だ。それでも、本人は「まだまだやれることはあります」と言う。

「通算で言ったら、まだ30回程度しかコリアタウンには行っていません。学生服じゃなく、個人的に私服で行っても顔を覚えてもらえるようになったことは嬉しいけど、30回程度じゃまだまだ足りないと思います。《交流》というからには、こちらから一方的にだけではなく、ともに交わらないと意味がないですから。これから、もっともっとキムチ部のことを知ってもらって、〝偕星学園にはキムチ部があるんだ〟って知名度が上がれば、これからもっともっと地元の人たちと面白いことができるんじゃないのかな？」

楊の話を聞いていると、キムチ部全体のことを見据えた発言が多いことに気がつく。初代メンバーとして、部の発展を誰よりも願っている印象が強い。

「うちの学校とコリアタウンの人たちを繫《つな》ぐ鎖のようなものになりたい。そんな思いは確かにありますね。キムチ部はその可能性を秘めているんやし、なれるんやったら、それになりたい。そうすればうちの高校の知名度も上がるし、キムチ部も多くの人に協力してもらえるから」

栗川は「楊君は表に出るより、裏で支えるのが好きなタイプ」と言っていた。実際に楊は、創部以来、栗川部長を支える役割を果たしていた。栗川の持つ得体の知れないオーラのようなものに惹かれていたからである。

「彼のすごいところは、口にしたことをすべて実現させていくところです。小学校高学年から中学の3年間は、不登校だったことによって自分の思い描いていたことができない時期を過ごしていたんだと思います。でも、高校に入って、いろいろなことを始めて、その一つにキムチ部があって、〝ここでだったら、自分のやりたいことができる〟〝願っていたことが実現できる〟となったんじゃないのかな？　まったく物おじせずに〝これをやりたい〟といって、それを実現させる。それは本当にすごいことだと思います」

かつての栗川はどうして不登校児だったのか？

そこに明確な理由があったわけではない。「とりま、上に行きたい」という漠然とした思いを抱きつつも、具体的に何をすればいいのかわからない。悶々《もんもん》とした日々が続く中、彼は家にこもることを選択した。

そんな栗川にとって、初めて具体的に「自分は何をすべきか？」の指標となったのがキムチ部だった。そんな栗川の姿を傍らで見守っていたのが楊だった。

目の前に夢を語る人がいる。ならば、自分はその夢を実現させるために支える人になる。それは意識的なものなのか、それとも無意識なのか？

いずれにしても、夢を語る部長と、それを支える副部長という理想的なパートナーシップが早くも芽生えていた。

そして、宣言通りに特進コースへ

改めて、時計の針を22年4月に戻したい。

このとき、太田尚樹専務理事と沖田仁美教諭、そして栗川大輝と楊颯太2名の部員でキムチ部が正式に発足。さらに栗川は、2年生進級時に本当に特進コースへと転籍する。

高校入学と同時に「僕は特進コースに行く！」と宣言し、見事に有言実行を果たしたのだ。

1年時の担任から言われたのはシンプルなことだった。

きちんと授業に出席すること。

定期テストで成績上位であること。

模擬試験の点数をきちんとキープすること。

シンプルではあるけれど、中学時代にはほとんど学校に行かず、授業を受けていない栗川にとって、それは決して簡単なことではなかったはずだが、あっけなく難関をクリアした。

そしてそれは、周囲も驚くほどのめったにない「快挙」であり、本人の言う「謎の自信」が現実化した瞬間だった。

「担任の先生に言われた通り、きちんと授業にも出席して勉強も頑張りました。模試でも学校で3位になったこともありました。当時は全然知らなかったんですけど、〝進路探求コースから特進に行った生徒なんて見たことない〟っていう先生もいたし、〝いたかもしれへんけど、片手で数えるぐらいしかいない〟という先生もいたし、その数は限りなく少ないんだって、後で知りました（笑）」

得意気な表情で、栗川はほほ笑んだ。

特進コースに進んでからは生活が一変する。

それまで、多くても6時間目までだった授業がほぼ毎日7時間目までとなり、さらに2時間の講習や自習も加わり、学校を出るのは毎晩9時近くとなった。

この間に生徒会活動とキムチ部の活動も同時に進めていく。当然、そのすべてに出席、参加することは不可能となった。

キムチ部部長に就任しつつも、自分が不在のときには副部長の楊に任せることも増えていく。せっかく新入部員が加わって、部としての体裁が整いつつあったものの、肝心の部長がいないという事態にも陥った。

客観的に見れば、それは「キャパオーバー」と言えるのかもしれない。それでも、栗川はそのすべてを受け止めようと奮闘する。

「この頃は、特進コースの生活に適応することで精一杯でしたね。正直、最初の半年間は何もできひんかった。沖田先生からは、〝休みの日にはキムチ部に出てきてほしい〟と言われていたけど、当時の自分は未熟だったので、家でずっとYouTubeを見ていたこともありました。あの頃は、〝もう、何も考えられへん〟という感じでした……」

それでも、「毎日が忙しい」ということ、そして、「毎日やるべきことがある」ということは、一方では確かな充足感をもたらしていた。

生徒会のメンバーたち、キムチ部員たちとの交流は楽しかった。近所のコリアタウンでは、両親や教師を除いて、それまでほぼ接点のなかった「大人」との交流も経験した。そこには、中学時代には感じたことのない確かな手応えがあった。

「高校に入るまでの僕は、基本的にネットの世界に生きていました。スマホや通信型ゲームで出会う人たちとの会話がほとんどでした。でも、かつての自分と、高校に入ってからの自分を比べたときに、昔の自分のことを〝ちょっとかわいそうだな……〟って思ったんです。そこから、何か考え方も変わっていったような気がします……」

自室にこもってゲームに興じていた、かつての自分。

やるべきことに忙殺され、目が回る日々を過ごす今の自分。

両者を比較したときに、「昔の自分はかわいそうだな」と感じた。栗川は続ける。

「……ちょっと、言い方が難しいですけど、今でも世の中にはかつての自分のような人がたくさんいます。そんな人たちのことを考えたら、次第に〝かわいそうだな〟というか、〝助けてあげたいな〟という思いになっていったんです」

しかし、この時点ではまだ特進コースでの勉学と、生徒会活動と、キムチ部と、すべてのことを完璧にこなすことはできていなかった。栗川が本格的にキムチ部に乗り出すきっかけが訪れる。

彼が考案した活動目標を再掲したい。

2022年10月……『おはよう朝日です』（朝日放送テレビ）出演

そう、テレビ出演が決まったのである。

新人ディレクターとキムチ部との邂逅《かいこう》

神戸大学在籍時に報道分野に進むことを志した山本美紗子が、大卒後すぐにテレビ業界に飛び込んだのは、キムチ部誕生と時を同じくする22年4月のことである。

制作会社に入社すると同時に、関連会社であるMBS（毎日放送）への出向が決まった。すぐに夕方の帯番組『よんチャンTV』内の特集コーナーを任されることになった。放送枠はおよそ10分。関西圏のさまざまな話題を取り扱うものだった。

夕方のひととき、決して肩ひじ張らずに気楽に楽しく見られるもの。「激安スーパー」「大盛グルメ」「老舗企業の奮闘劇」「自宅でできる簡単健康術」「時短料理術」などなど、夕方のワイド番組定番コーナーである。
そこに、大阪偕星学園高校キムチ部が取り上げられることになったのだ。

22年晩秋、「こんなリリースが来ているぞ」と上司が差し出したプレスリリースに、山本は釘《くぎ》づけになった。

（何これ、《キムチ部》って、一体何だろう……？）

大阪偕星学園キムチ部の活動レポートである。もちろん、制作者は太田専務理事だ。リクルート出身の太田は、ＰＲ会社を活用して、メディアへ働きかける術を熟知していた。見事に狙いがハマったのだ。

「リリースを見てすぐに太田専務に連絡を入れました。すると、ちょうど数日後に保護者に向けてのキムチ作り教室が行われるということで、すぐに撮影クルーと一緒に偕星学園に向かいました」

山本の頭の中には「キムチ部」という言葉が強烈に焼きついていた。前代未聞の「キムチ部」というパワーワード。意味がわかるようでわからない。

みんなでキムチ作りをする「キムチに特化した料理研究会」なのか？　それとも、各種キムチを科学的に、専門的に研究する学術的な部活動なのか？　あるいは、大阪偕星学園のある生野区と言えばコリアタウンのお膝元だ。キムチを通じて、地域交流、文化交流を目指すものなのか？

　何しろ、学校公認の部活動である。決しておふざけでもないだろうし、単なる「愛好会」「同好会」とも違うはずだ。テレビマンとしての勘ではない。それ以前に個人的な関心が勝った上での取材となった。

「学校に行くまでは、〝一体、どんな部活なんだろう？〟という思いでした。そして、実際に彼らに会って、キムチ作りの様子を撮影させてもらいました。私が思っていたよりもずっと本格的で、みんながテキパキと動いている姿に驚きました。〝みんな、しっかりしているなぁ～〟というのが、私の第一印象でした」

　このとき初めて部長の栗川と対面し、そして驚いた。栗川があまりにも「真っ直ぐで純粋な人」だったからである。

「初めて会ったとき、〝この人は真っ直ぐで純粋な人なんだな〟って感じました。というのも、すごくキラキラした目で、〝漬物グランプリを獲《と》りたい！〟とか、〝偕星キムチを商品化したい！〟と語っていたからです。最初の取材で、ここまでハッキリ言い切ることに、まずは驚きました」

　その後も栗川の勢いは止まらない。山本の述懐が続く。

「普通、テレビカメラを前にして、〝さぁ、しゃべってください〟って言われると、誰でもちょっと恥じらったり、〝こんなに大きなことをテレビで言ってもいいのかな？〟って、とまどったりするものなのに、栗川君の場合はまったくそんな気配がないんです。堂々と、〝グランプリを獲る！〟って宣言するので、私も、〝あぁ、この子は常にそういう目標を持って、毎日を夢とともに過ごしているんだな〟って感じたことを覚えています」

目標を持って、毎日を夢とともに過ごす――。

山本の発したひと言こそ、まさに栗川評として適切な表現であり、やはり、ここでも栗川の「謎の自信」が顔を見せたのだ。

大風呂敷を広げることに、何もためらいがない。いや、当の本人は、自らの発言を決して「大風呂敷だ」とは思っていなかった。本当に、自らの夢と理想を語っていたのだ。

そして、ここから山本とキムチ部との接点が生まれ、密着取材が始まった。同時に、特進コースと生徒会活動で多忙を極めていた栗川が、本腰を入れてキムチ部の活動に取り組むことになる契機となった。栗川は言う。

「特進に進んでからの半年間は、ホンマに何もできひんかった。でも、ＭＢＳさんのテレビ取材が始まって、部長としてコメントをしたり、部活の紹介をしたりする機会が増えていくうちに、キムチ部との両立も少しずつできるようになっていった気がします。そこから、自分自身の取り組み方も変わっていきました」

こうして、22年12月から、山本の取材は本格化することとなった。

この時点では、まだ部長である栗川と、松本綾華をはじめとする1年生との間には溝があった。極度の人見知りである栗川にとって、心を開くことのできる存在は副部長の楊しかいなかった。部活の間も、楊としゃべることは多かったけれど、後輩たちとは必要最低限の会話しかしていなかった。

けれども、MBSの密着取材が始まったことによって、1年生部員たちと接する機会も増え、同時に彼ら、彼女らの人となりを知ることになっていく。山本率いる取材クルーの存在は、栗川と他の部員たちとの距離を一気に近づけていく効果ももたらしたのだ。

栗川部長と太田専務理事に共通する「夢を見る力」

創部以来、あまりにもとんとん拍子で事が運ばれていくことに太田尚樹専務理事は驚いていた。「キムチ部」というパワーワードや、地元・コリアタウンとの交流というコンセプトによって、「ある程度の話題にはなるだろう」という目算はあった。

しかし、現実は太田の想像をはるかに上回るスピード、そして大きな規模で物事が進んでいく。自分でもその理由はわからず、「どうして、こんなにうまく進んでいくのだろう？」と、自問自答することもあったという。

「私としては、どうしても現実的な落としどころを考えちゃうわけです、大人だから（笑）。

最初に私が考えたのが、《①白菜キムチをきちんと作れるようになること》、《②地方紙の小さい枠でメディアデビューを飾ること》、そして《③漬物グランプリに出品すること》でした。この3つが叶《かな》えば、もうそれで十分でしたし、1年目としては上できでした。ところが、現実は私の想像をどんどん上回っていきました。それはやっぱり、栗川の持つ〝夢を見る力〟なのかもしれない。今では、そう考えています」

創部当初、太田が抱いていたのは、次の3つの目標だった。

①ベースとなる白菜キムチをきちんと作れるようになる！
②地元紙のミニコーナーに掲載される！
③漬物グランプリに出品する！

確かに、本人の言うように、これらは大人ならではの「現実的な落としどころ」である。しかし、栗川はこの程度の目標では決して満足できなかった。「謎の自信」によって、太田が抱いていた目標は次々と上方修正されることになる。

①オリジナルキムチを商品化する！

②数々のテレビ番組で紹介される、さらに出演する！
③漬物グランプリでグランプリを獲得する！

太田は言う。

「栗川にあるのはピュアな思いだけです。単純に〝こうしたい、こうなったらいいな〟ということがあって、それを自ら引き寄せている感じがします。大人としては、わざわざそれを止める必要はないわけですから、〝ほんなら、そうしようか〟って、ただ見守っていたら、どんどん勢いが出てきたという感じです。私としては、仮に実現しなくても、十分褒められる内容だと思っていました」

冷静に分析する太田ではあるが、実は彼もまた「夢を見る力」に秀でていた。栗川は「謎の自信」によって、自らが抱いた夢を、臆することなく他者に語る。一方の太田は「大人だから」、決して大言壮語を吐くことはない。

けれども、その根底には栗川と同質の「夢を見る力」が備わっているように思えてならない。そうでなければ、就任早々、「キムチ部」という、一見すると荒唐無稽な部活動を立ち上げようとは思わなかったはずだ。

不祥事禍にあった大阪偕星学園に現れ、キムチ部を立ち上げた太田尚樹とは、一体、どんな人物なのだろうか？

第四章

「キムチ部」を作ったキーパーソン

——「夢を見る力」を持つ専務理事

「教育者」ではなく、「クリエイター」

「私は、クリエイターの端くれとして生きてきました」

キムチ部の生みの親である大阪偕星学園・太田尚樹専務理事は、自身について、そう切り出した。

「もちろん、教育への思いがあるのでこの立場にいるわけですが、教育者よりもクリエイターという自負の方が今は強いです。社会というのは一歩ずつしか前進していかないものだと、私は考えています。そのときに、クリエイターがやるべきことは、その一歩を一・三歩、一・五歩にしていくことだと思っています」

私立高校の専務理事が、自らのことを「教育者」でも「聖職者」でもなく、キッパリと「クリエイター」と口にするのは珍しいケースだろう。

しかし、太田は迷いなく、力強く言い切った。

「このとき、私が大切にしているのは《二歩》になっていないかを自らに問うことです。《二歩》では、まだ時代が追いついていないから、支持を得ることは難しい。だから、一歩ずつ、一歩ずつ、進んでいくしかない。学校という、丁寧さが重要な場所ではなおさらです。自分がやりたいこと、今の教育に必要だと思うことを一方的に主張してしまったら、それは二歩先のことになる気がします」

初代部長・栗川大輝がそうであるように、太田もまた「夢を見る力」を持つ能力にあふれた人物だった。

父の誘いに応じて、大阪偕星学園にやってきたとき、太田の頭の中には「あれもしたい、これもしたい」と学校改革に向けてのアイディアが渦巻いていた。

しかし、すぐに現実を悟った。

かつて自分が主戦場としていたマスコミにおける自由度、寛容度、許容度と、教育界におけるそれとでは、当然、大きな違いがあった。やりたいことをそのままやるだけでは、望むべき結果を手に入れることはできない。

それこそ、太田が口にした「自分がやりたいことを一方的に主張してしまったら、それは二歩先のことになってしまう」という言葉に象徴されていた。

東京では自由気ままに生きてきた。異能の編集者、ライターとして、マスコミ上では「注目の人」としてスポットライトを浴びていた。自身が開設したメディアでは多くのファン、支持者も獲得していた。

しかし、それはあくまでもメディア上での事象に過ぎない。学校教育の現場において、従来と同じやり方が、そのまま通用するはずがない。

そんな分別はさすがに持っていた。だからこそ、「自分がやりたいことを一方的に主張してはいけない」という思いを、太田は今でも胸に秘めている。

そんな思いを抱きつつ、彼が最初に打ち出した新機軸こそ「キムチ部」である。

これこそ、太田が言う「二歩先ではなく、一歩先」のアイディアだった。野球部の不祥事によって、暗いムードが漂っていた大阪偕星学園に希望の光をもたらすことになるキムチ部こそ、まさにクリエイターとしての本領発揮と言っていいだろう。

部長の栗川大輝とはまた違う、太田なりの「夢見る力」が、まさに発揮されたのだ。

改めて、問いたい。

自らを「クリエイターである」と語る太田尚樹とは一体、どんな人物なのだろうか?

自分で旗を立てて、自分の居場所を作る

1988（昭和63）年8月17日、大阪市三国で生まれた。現在は再開発によって、多くのマンションが立ち並ぶベッドタウンとなっているが、太田が幼かった頃は現在とは大きく様相が異なっていた。

「確かに今では落ち着いた住宅街となっていますけど、幼い頃の私が住んでいたのはスナック街のど真ん中で、夜になると酔っ払ったお客が道路で怒鳴りあったり、ヤクザが喧嘩《けんか》をしたり

するような環境の中で育ちました。とは言え、経済的には割と裕福な方だったので、特に貧しさを感じることもなく、育ちました」

第一章で述べたように、太田が生まれた頃にはすでに、父である太田明弘の塾経営は軌道に乗っており、決して貧困にあえぐことはなかった。

「周りには裕福ではない家も多かったし、うちも決して贅沢を好む家じゃなかったけど、当時は子どもだったから、そんなことなんか気にせずに友だちと遊んでいました。でも、親の入れ知恵というのか、〝お前は金持ちだから遊ばない〟って、友だちから弾かれる経験もしました。当時はそこまで明確に感じてはいなかったけど、今から思えば富裕層と貧困層の真ん中にいるような感覚は、常にありましたね」

そんな言葉の後に、太田はさらにつけ加えた。

「この感覚を言葉にするならば、〝何だかいつも対比構造の真ん中にいるなぁ〟という感じなのかなぁ……」

この思いこそ、「太田尚樹」という人物を語る上で欠かせない重要な点である。

――いつも、対比構造の真ん中にいた……。

太田のパーソナリティを探る上で、この言葉は実に重要な意味を含んでいる。彼は、自身がゲイであることを公にして生きてきた。自身のセクシュアリティを自覚して以来、常に彼は「対比構造の真ん中にいた」のである。

思春期の頃は自分が「オトコ」だと思えなくなった。しかし「オンナ」でもない。自分は一体何者なのか？　太田はその間に立ち尽くすような気持ちでいた。

現在ほど、ＬＧＢＴＱの概念が一般化していたわけではない。思春期を迎えて自我が目覚め、青年期を過ぎて大人になり、社会人となってもなお、つまりは、現在までずっと葛藤を抱えてきた。

「自分の居場所を探すためにＬＧＢＴに関するＮＰＯ団体に行ったり、それこそ新宿二丁目に足を運んだりしました。それでも、何だかなじむことができなかったんです。一般社会に戻ってみても、やっぱり自分の居場所がない。そうなると、今、自分が立たされている場所に旗を立てるしかない。そうやって、自分の居場所を作っていくしかない。そうした考えが、今の自分にすごく繋《つな》がっている気がします」

太田は淡々と、そして訥々《とつとつ》と語り続けている。

笑いの力で人が繋がる瞬間を作る

神戸大学卒業後、リクルートに就職したものの、心を病んで2年で退社したということはすでに述べた。会社を辞めた後、彼は自身のセクシュアリティと向き合いつつ、自身がプロデュースする新たなオウンドメディアを立ち上げる。

やる気あり美――。

副題には「世の中とLGBTのグッとくる接点をもっと」とある。公式ホームページによれば、「やる気あり美」とは個人名ではなく、LGBT当事者もいれば、非当事者も混在するクリエイティブチームのユニット名だという。

そこでは、ゲイを中心とするセクシュアルマイノリティに関するさまざまな特集、企画が並んでいる。その中心人物として、自らも登場するのが太田だ。

「私はお笑いが好きなので、笑えるコンテンツを作りたかったんです。笑いこそ人を前向きに、明るくする力がある。物語の力、笑いの力を通じて、人が繋がる瞬間を作りたい。そんな思いは強く持っていました。で、最初に作った記事が、仏教的にLGBTはどうなのかを知りたくて、お坊さんに尋ねにいく記事でした。あるテレビを見ていたら、〝同性愛者は地獄に落ちる〟と言っていたので、そうした疑問を直接、お坊さんたちにぶつけてみたら、掲載2日目で20万PVを記録しました」

太田の言う「お坊さんに尋ねにいく記事」とは、2015（平成27）年10月13日に公開された「坊さん座談会　～仏教的にLGBTってどうなのか、聞いてきました～」のことだ。曹洞《そうとう》宗《しゅう》の男性僧侶「本多さん」と女性僧侶（尼僧）「大澤さん」を招き、太田と友人である「金沢」の4人による座談会である。
以下、一部を抜粋したい（原文ママ）。

金沢　仏教では同性愛や性別適合手術をどう捉えるのかなぁ、と気になってきてしまったんですよね。

金沢の疑問に対して、そして先に紹介した「同性愛者は地獄に落ちるのか？」という問いに対して、本多は「結論から言ってもいいですか？」と答える。

本多　えーっと、人間は基本的にみんな地獄にいっちゃうみたいなんですよね…。（中略）仏教では、基本全員地獄いきってことになってしまうんです。「こういうことをしたら地獄に行きますよ」っていうのがたくさんリストアップされているんですが、現代人なら、ほぼほぼやってい ますよ、ということばっかり書かれているので。

この回答を受けて、金沢は安堵《あんど》する。

金沢　不可避感ヤベぇ…。現代人ならほぼ全員地獄行き確定ってわけですね。もはや、同性愛だから地獄うんぬんとか関係なくなりましたね（笑）。

さらに太田はこんな問いを投げかける。

太田　じゃあ、地獄はみんなが行きがちだとして、LGBTがどのように捉えられているか、っていうのはどうなんでしょうか。

この問いに対して、本多は「仏教って女性差別的な言説が残っていたりする」と説明しつつも、「でもその表現の捉え方って統一されていない」と述べる。その上で、こんな言葉を太田に投げかける。

本多　つまり、男性の形をしていようが女性の形をしていようが間の形をしていようが、心の性が何であろうが、関係なくなるところに悟りがあるよ、仏がいるよ、ということなんです。

あるいは、尼僧である大澤は、同じ質問に対して次のように述べている。

大澤　仏教的立場で見ると、太田さんや金沢さんだったら、たまたま男性に生まれて好きになった相手が男性だったっていう、ただの因縁というか、現象なんですよね。その事実をありのままに見つめた時に、良いとか悪いっていうことは一切ないんです。

こうしたコンテンツ制作の中心人物として活動してきたのが太田である。いずれも、軽やかで説教臭くなく、笑って楽しめる企画がずらっと並んでいる。

自らのことを「私はクリエイターです」と語る自負が、まさにここにあった。

「ゲイの僕にも、星はキレイで肉はウマイ」

株式会社ソトコト・ネットワークが発行している『ソトコト』という季刊誌がある。副題として「未来をつくるＳＤＧｓマガジン」と銘打たれているこの雑誌において、太田は２０１６年から「ゲイの僕にも、星はキレイで肉はウマイ」という連載を持っている。

16年12月の連載第1回には、「やる気あり美」のコンセプトについて、こんな説明がなされている。

なぜ、こんな活動をするようになったかと言えば、それはずばりエンタメの力を信じているからです。僕の友人のおばあちゃんは、「緑内障の手術なんて受けない!」の一点張りだったのが、韓流《はんりゅう》アイドルにハマッて「一刻も早く治療したい」と言い出しました。こんな風に、エンタメを通じて生まれた何かへのラブエネルギーってすごいと思うんです。だから僕らもLGBTへの「理解」だけではなく「ラブ」を生み出せるようなエンタメ・コンテンツを作りたいと思うようになりました。理解とラブが両輪となって、LGBTの社会的地位向上は進むと信じています。

あえて、断言したい。エンタメの力を信じられない人物はクリエイターにはなれない。自らをクリエイターだと自負する太田にとっては、当然の主張だった。

そして、この連載における太田の願い、読者への希望が素直に吐露される。

結局、うんざりすることさえあるほど、人と人の心の距離を近づけるのは、地道でラフなコミュニケーションの積み重ねしかないと思います。なので、「LGBTのことだから、真剣に聞かなきゃ」なんて堅くならずに、毎回気楽に読んでいただければ嬉《うれ》しいです。

太田は宣言する。

「僕らもLGBTへの《理解》だけではなく《ラブ》を生み出せるようなエンタメ・コンテンツを作りたい」と。

この思いこそ、キムチ部の創部に通底しているのではないだろうか？

クリエイターとしての才能の発露こそ、前代未聞のキムチ部ではないだろうか？

さて、この連載に付記されている太田のプロフィールを引用したい。


おおた・なおき●1988年大阪生まれのゲイ。バレーボールが死ぬほど好き。編集者・ライター。神戸大学を卒業後、リクルートに入社。その後退社し『やる気あり美』を発足。「世の中とLGBTのグッとくる接点」となるようなアート、エンタメ・コンテンツの企画、制作を行っている。


ここには、「大阪偕星学園」についての言及はない。連載開始後の18年に理事となり、20年に常務理事となり、22年に専務理事となった。この間、野球部監督、コーチの不祥事への対応に忙殺されていた。さらに、この間にはキムチ部も作った。

そうしたことには一切、触れられておらず、完全に切り分けられている。太田は言う。

「さっき、〝大切なのは《一歩》だということ〟と言いましたよね。私自身、自分のセクシュアリティや個人の取り組みと、今の立場を一緒に語ることが、何歩先のことなのかが見えていないんです……」

改めて、核心に迫った。

――この本において、あなたのセクシュアリティについて触れても構いませんか？

もちろん、単なる興味本位で一個人のデリケートな領域に踏み込むつもりはなかった。けれども、彼の持つユニークなパーソナリティがあればこそ、「キムチ部」という唯一無二の部活動が誕生したのではないか？　だからこそ、この点については避けて通れないことであり、言及すべきだと考えたからだ。

この問いに対して、太田は逡巡《しゅんじゅん》なく答えた。

「結論としては、触れていいと思います……」

そして、少しの間を置き、さらに続けた。

「……触れていいとは思います。隠しているわけではないですし、後ろめたいことでもないですから。私だけではなくて、本当はみんな違う人間ですし、私自身は、いろいろな個性を持った人たちが、対話を通じて相互理解を深めていく。そしてそれが社会を前進させていく、そう考えています。だけど、現実を考えたときに、立場のある私のことを組織と社会がどう見るのかはわからない部分があります」

「やる気あり美」にしても、『ソトコト』での連載にしても、太田はペンネームを使わず、本名で活動している。ましてや匿名でもない。

つまり、決して隠しているわけではない。「太田尚樹」で検索すれば、大阪偕星学園のことではなく、太田のこれまでの活動が次々と表示される。

しかし、学校経営においては、このことを声高に訴えるつもりもない。「隠していない」ということと、「積極的にアピールしない」ということは、決して矛盾しない。

そして、太田はこんな言葉で結んだ。

「学校を私物化するつもりはもちろんありませんけれども、私がこの学校に関わっていくときに、〝自分のセクシュアリティが何であれ、決して恥ずかしいことではない〟と断言しながら、学校経営を続けていきます。生徒たちの中にも当然ＬＧＢＴＱの子がいるでしょうから、私が後ろめたく思ってはいけない、とも思っています。そういう意味では、遅かれ早かれの問題だと思いますから。ただ、それがこのタイミングなのかどうか、ということは、私にはまだわかりませんけれども……」

結論としては触れていい。けれども、その時期は今が適切なのか？　はたして、ここで触れることは「一歩」ではなく、「二歩」なのではないか？

まだ迷いの残る口調で、太田はつぶやいた。

父・太田明弘から見た、息子・尚樹

「息子のセクシュアリティについて、初めて本人の口から聞いたのはこの理事長室でした……」

大阪偕星学園・太田明弘理事長は、そう切り出した。

「……驚きましたし、ショックを受けました。最初は何を言っているのか理解できませんでした。ただ、反対するとかそういう類の問題ではないから、私としてはあるがままに受けとめるしかないですよね。彼なりの方法として、いろいろな人がともに社会生活を営みながら、窮屈さを感じないように生きていこう。そんな教育環境を作っていこう。そう考えているようですから、それをぜひ実現してくれたらいいなと思っています」

理事長の言葉を聞き、「LGBTQ当事者であることをオープンにする人が学校経営に関わっているという現実こそ、多様性のある学校の象徴と成り得るのではないですか？」と質問を重ねる。

すると理事長は半分うなずき、半分は首をかしげた。

「えぇ、そうですね。ただ、その事実によって、〝この学校はいいぞ〟と思ってもらえるかどうかということは、社会の成熟度によると思います。今後、彼が理事長になったとして、〝LGBTQの人が理事長の学校に行って大丈夫かしら？〟と思う人もいるかもしれない。一方で、〝開かれた素敵な学校だな〟と思ってもらえることもあるかもしれない。それはやっぱり、社会の成熟度次第でしょうからね……」

理事長もまた、「彼の柔軟な発想があったからこそ、キムチ部は誕生した」と考えている。学校経営において、「個々人の個性を尊重すること」を目指しているからこそ、もちろん息子の個性も尊重したいと考えている。

しかし、「その思いを世間は、そして他人はどう受け止めるのか？」という点に関しては、理事長自身にもまだ答えはない。

「将来、私が理事長職を降りた場合、彼が有力な理事長候補であることは間違いありません。けれども、理事長になったからといって、急に生活が豊かになったり、人々からの視線が変わったりすることはありません。日本の学校教育はむき出しの自由競争だから、安定した学校経営ができるのか、それはまったくわかりません」

そうした状況下において、太田の個性と才能がどのように生かされるのか？

そして、それを世間はどのように評価するのか？

それは、いまだ答えのない問いである。

第一章で述べたように、「キムチ部を作りたい」と初めて聞いたときにはとまどいを覚えつつも、実際の活動を見て、「やはり間違いじゃなかったのだ」と確信を得る。

「専務理事と顧問の先生、そして部員みんなの努力の結果として、ここまでの成果を上げるとは想像していませんでした。野球部の件では、深く反省することになりましたけど、キムチ部が大きな光源としてこの学校に新しい光をもたらしてくれました。そして、周りの方々から、ここまで支援をしていただけるとも思わなかった。キムチ部の努力だけではない、社会の見えざる応援メッセージのようなものを感じています」

この言葉を受けて、息子の尚樹が補足する。

「キムチ部ができてから、学校自体が明るくなったという実感はあります。キムチの試食をお願いしたときに、理事長が生徒たちに向かって、〝君たちは偕星学園の誇りです〟と言ってくれました。理事長にとっても、キムチ部の頑張りは望外のものだったと思います」

さらに、息子が生み出したキムチ部の活動を通じて、理事長にとっても新たな気づきがあったという。

「私はこれまで学習塾経営を本業にしていました。私たちにはどうしても偏差値崇拝信仰があります。やはり、成果を可視化するには偏差値がいちばんわかりやすいし、〝どの学校に何人入学したか？〟ということばかり重視しますから。でも、実は教育の根源的な目的の一つは、〝自分でどうにかする力を身につけること〟であり、〝突発的な異変が生じても、きちんと対応できること〟だと思うんです。キムチ部というのは、偏差値教育では測れない学びを得て、それを実践する場だと気づかされました」

理事長がそう感じるきっかけはもちろん、栗川大輝の存在である。「個人情報に関わることですけれど……」と前置きした上で続けた。

「中学時代の栗川君の話を聞きましたが、その彼が高校に入学してキムチ部の活動を通じて、新しいことにトライする。自分たちの作ったキムチが商品化される。それが、イトーヨーカドーという立派なスーパーマーケットで販売される。これだけの人生経験は、やはり偏差値教育では出てこないものですから」

長年関わってきた学習塾経営と、学校経営との違いを理事長は語った。野球部の不祥事に忙殺されていた中で誕生したキムチ部は、大阪偕星学園にとって、確実に新たな希望の息吹を生み出していた。

息子・尚樹だからできること、彼にしかできないこと。

この大阪偕星学園こそ、彼の能力を最大限に生かせる場所であってほしい。はたして、その願いが実現するのかどうか？　まだまだ不透明ではあったものの、キムチ部がその第一歩であることは確かだった。

大阪市生野区——この地だからできること

大阪偕星学園のある生野区には、鶴橋と桃谷に二つのコリアタウンがある。

近鉄鶴橋駅、千日前線鶴橋駅、あるいはＪＲ鶴橋駅、またはＪＲ桃谷駅から徒歩15分程度に位置する生野コリアタウンは、大阪偕星学園からも徒歩15分ほどである。

改めて強調しておきたいのは、大阪偕星学園は韓国・朝鮮系の学校ではなく、あくまでも日本の教育機関であり、文部科学省の管轄下にあるということだ。つまり、韓国系の在日本大韓民国民団（通称・民団）や、北朝鮮系の在日本朝鮮人総聯合会（通称・朝鮮総聯）の管轄下にある学校ではないということである。

太田はキッパリと言う。

「インターネット上では、《偕星学園　韓国》と出てくることもあるので、教員の中にも〝もしかしたら、政治的意味合いがあるのでは？〟と不安に思う人もいます。ですが、まったくそんなことは目指していません」

前述したように、韓国・朝鮮系ではない日本の学校が「キムチ部」という前代未聞の部活動を立ち上げたことにこそ、大きな意味があるのだということは再度強調しておきたい。

さらに太田が続ける。

「コロナ禍によってオンライン教育が進む中で、全日制普通科の本校はオフライン、ローカルで、この場所だから実現できる学びを作りたかったんです」

この言葉にあるように、キムチ部員たちが食材を購入したり、試作品を持参してアドバイスをもらったりするのも、この地が舞台となっている。

かつては朝鮮市場と呼ばれていたが、現在ではコリアタウンの名称が一般的になっており、09年からは「生野コリアタウン共生まつり」が開催され、文字通り、日本と朝鮮半島との共生を願うイベントが開催されている。

それまでは、在日コリアンを中心に地元の人々の胃袋を満たすさまざまな商店が軒を連ねていたが、2000年代に入ると街の様相が一変する。

02年の日韓ワールドカップや、『冬のソナタ』に代表される韓流ブームを皮切りに、現在まで続く「K－POP」「韓流スイーツ」人気もあって、現在では年間200万人が訪れる一大観光地へと変貌している。

老舗のキムチ店や韓国食材店の他に、写真映えのする色とりどりのカラフルなスイーツ店や、K－POPアイドルのブロマイドなどの各種グッズ店が並び、若者を中心に多くの観光客でごった返している。

メインストリートを曲がったひっそりとした脇道には、23年にオープンしたばかりの「大阪コリアタウン歴史資料館」があり、その入り口には「共生の碑」と題された石碑がたたずんでいる。そこには、名著『猪飼野《いかいの》詩集』の作者である金時鐘《キムシジョン》による「献詩」が刻まれている。その冒頭部分を引用したい。

人が住みついた当初から
猪飼野は居ながらにして迷路であった。
あぶくをまたいで橋が延び
対岸を見すえて街が切れていた。
そこではその地の習わしすらも

持ちきたった　くにでの遺習に追いやられ
日本語ともつかぬ日本語が声高に幅を利かせて
通りにまで異様な臭気をはびこらせ
得体の知れない食べ物が
おおっぴらにまかなわれてにぎにぎしかった。

この献詩にはキムチにまつわる一節がある。

意固地なまでの在日の伝承があったればこそ
焼き肉もキムチも誰もが好む
日本じゅうの豊かな食べ物に成りもした。

こうしたバックボーンを持つ地に大阪偕星学園はある。１９４９（昭和24）年に現在地に移転して、すでに75年もの時間が流れた。

そして、「いつも対比構造の真ん中にいた」と語る太田は在日コリアン三世である。彼の潜在意識下には「日本人」と「韓国人」という対比構造もある。

「私のセクシュアリティのこともそうですけど、国籍に関しても、私自身には《マイノリテイ》という感覚よりは、〝狭間にいる〟という感覚なんですよね。私自身、ＬＧＢＴコミュニティの人にもなれなかったし、そうかといって非ＬＧＢＴコミュニティにも居場所は見つけられませんでした。あるいは、いわゆる富裕層の生活をしてきたわけでもないし、貧困層でもなかった。こうしたことと同じように、日本人にも、韓国人にもなり切れなかった。常に淡い位置に立ってきた、そんな実感はありますね」

ここでもまた「対比構造」が浮かび上がる。こうした人生を歩んできた太田尚樹のパーソナリティがあればこそ、キムチ部は誕生したのである。

キムチ部と大阪生野区との親和性は高い。

コリアタウンの大阪偕星学園であり、コリアタウンのキムチ部である――。

あとは、さらに地域密着を進めていき、地元の人々にとっての誇りとなる存在となること。

それが、太田はもちろん、キムチ部に関わる者たちにとっての共通の思いである。

「当たり前」や「常識」を疑うことから始まるもの

さまざまなバックボーンを持ち、「いつも、対比構造の真ん中にいた……」という思いを持つ太田がキムチ部を創部したという事実は、ある意味では必然だったのかもしれない。

「夢を見る力」を持つクリエイターは、教育界に転身してもなおクリエイターであり続ける。

その結果、キムチ部という前代未聞の部活動が誕生した。

しかし、その胸の内は、今もなお晴れてはいない。『ソトコト』23年11月号の連載「両手ですくうように。」において、太田は次のように述べる。

諸般の事情で大阪に戻って、2年が経《た》った。僕にとって大阪は、「地元」や「故郷」と言えるほど距離の近い存在ではない。小学生の頃、気に入っていた下町から、冷めた住宅街（それはつまり〝大阪〟とはいえない場所）に引っ越した。中学と高校はその住宅街の果てにある私立で、大学は兵庫の山奥、おまけに僕は陰鬱なゲイの少年であったから、大阪で温《ぬく》もりめいたものを感じる機会がなかった。

しかし、「大阪で温もりめいたものを感じる機会がなかった」少年は、35歳の誕生日を迎えた現在、明らかに心境が変わった。

大阪に来てよかったと思う。誰しもが、人生を思い通りに進ませたいと思うものだけど、思い通りに進むのが良い人生なのかといえば、決してそうではないのだと、この街に来て気付いた。僕は先月で35歳になった。年甲斐《としがい》もなく恥ずかしいけれど、誕生日会をしてくれないかと、初めて友達に連絡をした。

やはり、ここでも大阪偕星学園のこと、キムチ部のことについてはまったく触れられていない。けれども、この間には野球部の不祥事対応の最前線で忙殺され、一方ではキムチ部創部のリーダーシップを発揮した。

少子化が進み、過酷な生存競争が繰り広げられている私立高校経営は決して簡単なものではない。思い通りにいかないことは山のようにある。いや、思い通りにいくことなど、めったにないのかもしれない。

それでも太田は言う、「大阪に来てよかった」、と。

自身の個性を最大限に発揮するには、いつまでもクリエイターであり続けるしかない。世間の常識や思い込みに対して、「それって、本当に正しいのかな?」「それは単なる思い込みじゃないの?」と疑問符を提示し続けるしかない。

太田のこれまでの歩みは、そんな道のりだったのだ。

もちろん、常に自信満々で力強い確信とともに生きてきたわけでもない。『ソトコト』20年11月号にはこんな記述もある。

昔から劣等生で、ゲイで、会社員生活も馴染《なじ》めずにやめてしまった自分は、今も誰かからの期待に応えられる自分でありたいと強く願いながら、同時にその期待に怯《おび》えて生きている。「期待」というものから週末くらい逃げたい。だから酒を飲む。つまりはそんなとこだろう、と今日考えていて思った。

世間で「普通」と言われていること。あるいは、「当たり前」「常識」と思われていることに対して、それこそ「普通の人」のように、何の疑いもなく素直に受け入れることができなかった。ならば、本人の言葉を借りれば「自分で旗を立てるしかな」かった。

「だから、いくら〝これが常識でしょ〟と言われても、私にはそれが機能しない。そんな世界でずっと生きてきました。そうなると、どうすればいいのか？　対話をするしかないんです。誰とでも分け隔てなく対話をする。そして、解決策を探していく。私は、そのことにずっと重きをおいてきました。大きな流れに沿えずに生きてきた自分、それでも社会と関わっていきたいという思い。そんな自分みたいな感性をこの学校で生かしたい。偕星学園にやってきたとき、そんなことを強く思っていました」

世の中の「主流」とは異なる「異端」な思い。

自ら声を上げなければ誰にも気づかれないかもしれないささやかな思い。たとえ気づいてもらえたとしても、黙殺されかねないささやかな願い。

声なき声に耳を傾ける姿勢、そしてそれを受け止める感性。そこにこだわり続けた。そのスタンスは現在の太田に大きな影響を与えている。

「うちのような、いわゆる《進路多様校》の場合は、特にその思いが必要です。いわゆる進学校ならば、名門と呼ばれる東大、京大、大阪大、神戸大などに進学できればいいという考えが強い。それはひとつの価値観ですし、これからもずっと続くと思います。ですが一方で、生きかたは多様化の一途をたどっています。会社員になることがすべてではありませんし、《常識》は一つではなく、コミュニティの数だけ存在します。そんな正解のない社会に出る前に、自分らしい生きかたのヒントを生徒たちに見つけてもらうことが、進路多様校の役割ですね」

クリエイターだからできること。その一端がキムチ部だったのである。

第五章
新たな目標は漬物グランプリ獲得
——全漬連とは何か？

TSUKEMONOはアート!?
No.1
健康へ
未来へ
明日へ
漬物
グランプリ
2023
主催：全日本漬物協同組合連合会
後援：農林水産省
特別協力：日本食糧新聞社
開催レポート
漬物メーカーの産業力促進や地域の漬物文化の価値づくりだけでは無く、日本の伝統的な食文化「TSUKEMONO（漬物）」を広めることを目的に、漬物業界の一大イベントとして開催。もっとも歴史ある加工・保存食品として、「漬物」の価値・魅力を5万人を超える一般消費者に正しく伝えPRしました。最終審査においては、専門家・有識者で構成される審査委員会が実食審査を実施し、グランプリ、準グランプリ他、各賞が決定しました。
開催実績
名　称 ● 漬物グランプリ2023（第16回ホビークッキングフェ
日　時 ● 2023年4月27日（木）～29日（土）10:00～17:00
会　場 ● 東京ビッグサイト 東5ホール
「第16回ホビークッキングフェア2023」内 特設会場
来場者数 ● 75,576名（3日間合計）
主　催 ● 全日本漬物協同組合連合会
特別協力 ● 日本食糧新聞社（漬物グランプリ2023実行委員会

「黒船」だからこそ、キムチは「オールジャパン」に

2022（令和4）年1学期終了時、顧問の沖田仁美はキムチ部公式インスタグラムにおいて、2学期以降の目標について次のように記した。

・漬物グランプリのキムチレシピの完成

この時点ですでにキムチ部の面々は「漬物グランプリ」を視野に入れていた。グランプリ獲得を見据えてのレシピを考えていたのだ。副部長の楊颯太が振り返る。

「たまたま僕がこのグランプリのことを見つけて、〝最高におもろいもん見つけたぞ！〟って思ってみんなに言ったら、〝これええやん！〟って盛り上がって、部の目標に組み込まれることになりました」

同グランプリを主催しているのは「全日本漬物協同組合連合会」、通称「全漬連」だ。公式ホームページによれば、その歴史は古く、前身である「全国漬物協会」の発足は1938（昭和13）年となっている。その後「全国漬物工業協議会」「漬物振興会」「全国漬物協会」

など幾度かの変遷を経て、70年に中小企業等協同組合法に基づいて「全国漬物協同組合連合会」として法人化。さらに、77年には製造業、卸売業が一本化して、「全日本漬物協同組合連合会」へと組織を変更したという。

全漬連専務理事の真野康彦《やすひこ》が解説する。

「私たちは漬物業界全体の振興を目標に活動しています。対象とするのはあくまでも農産物漬物で、例えば北海道のニシン漬けですとか、塩漬けした魚と米を発酵させる石川のなれずしなど、海産物の漬物は含まれません。県単位で1つの組合を組織してもらって、その集合体が私どもの組織となります。47都道府県すべてに組合があるわけではなく、現在は35組合となっています」

全漬連のホームページには「農産物漬物」について、次のように詳細に定義されている（以下、原文ママ）。

《農産物漬物》

農産物（山菜、きのこ及び樹木の花、葉等を含む。以下同じ。）を塩漬け（塩漬けの前後に行う砂糖類漬けを含む。）し、干し、若しくは湯煮したもの若しくはこれらの処理をしないもの又はこれに水産物（魚介類及び海藻類をいう。以下同じ。）を脱塩、浸漬《しんし》、塩漬け等の処理をしたもの若しくはしないものをせき加えたもの（水産物の使用量が農産物の使用量より少ないものに限る。）を塩、しょうゆ、アミノ酸液（大豆等の植物性たん白質を酸により処理したものをいう。以下同じ。）、食酢、梅酢、ぬか類（米ぬか、ふすま、あわぬか等をいう。以下同じ。）、酒かす（みりんかすを含む。以下同じ。）、みそ、こうじ、からし粉、もろみ若しくは赤とうがらし粉を用いたものに漬けたもの（漬けることにより乳酸発酵又は熟成しないものを含む。）又はこれを干したものをいう。

さらに、「日本の代表的な漬物」として「はくさいキムチ」「はくさい以外の農産物キムチ」も、以下のように説明されている。

《はくさいキムチ》
農産物赤とうがらし漬け類のうち、塩漬け、水洗及び水切りしたはくさいを主原料として、赤とうがらし粉等のうち、にんにく、しょうが、にんにく以外のねぎ類若しくはだいこんを使用したもの（ただし、にんにく、しょうが、にんにく以外のねぎ類のうち、2種類以上を使用したものに限る。次項において同じ。）又はこれに赤とうがらし粉等以外の漬け原材料を加えたものに漬けたものをいう。

《はくさい以外の農産物キムチ》
農産物赤とうがらし漬け類のうち、塩漬け、水洗及び水切りしたはくさい以外の農産物を主原料として、赤とうがらし粉等のうち、にんにく、しょうが、にんにく以外のねぎ類若しくはだいこんを使用したもの又はこれに赤とうがらし粉等以外の漬け原材料を加えたものに漬けたものをいう。

朝鮮半島発祥と言われるキムチははたして、「日本の代表的漬物」にカテゴライズできるものなのか？　素朴な疑問をぶつけてみる。

「基本的に漬物というのは、その地域に根ざして発展した文明の産物なんです。ただ、キムチだけは例外です。というのも、キムチは後から日本にやってきた黒船だからです。けれども、どこの地域にも根ざしていないからこそ、逆に言えばどこの地域でも作れる。例えば、長野だったら野沢菜を使ったキムチも作れます。下漬けする材料を変えれば、いろいろなキムチができます。だから、キムチだけはオールジャパンなんです」

黒船でありながら、オールジャパンである——。これが、日本におけるキムチの位置付けである。

全漬連によれば、日本全国で「漬物離れ」が進む中、「キムチと浅漬けだけは売り上げを伸ばしている」という。

「キムチのご当地としては、在日韓国人の多い大阪や、関東では横浜の辺りが挙げられると思います。とは言え、北海道から九州まで、全国のメーカーさんでキムチは作られています。それぞれの土地柄にあった出汁《だし》を使って、個性的なキムチが作られています」

現代日本において、キムチはもはやオールジャパンの国民食となっているのである。

「T—1グランプリ」から、16年に「漬物グランプリ」に改称

さて、キムチ部員たちが目標に定めた漬物グランプリの誕生は17（平成29）年にさかのぼる。

「以前は、漬物（TSUKEMONO）の《T》から、《T—1グランプリ》として、5〜6回ほど開催していました。ただ、これはイベント会社に依頼していたんですが、その会社が倒産してしまったということで、当団体が主催者となって、新たに《漬物グランプリ》を実施しました。それが17年のことで、以来毎年開催して、23年で7回目となります。当初は《法人の部》と《個人の部》のみでした」

初代顧問の沖田仁美が振り返る。

「漬物グランプリに出品することを目標にした当初は、一般の人が参加できる《個人の部》での応募を考えていたんです。そうしたら、《学生の部》ができるということを知って、そこに狙いを定めました」

キムチ部がターゲットとした「学生の部」が誕生したのは23年のことだった。真野専務理事に尋ねた。新たに学生にも門戸を開いた理由とは何か？

「それまでにも、《個人の部》で栄養学部の学生さんや、料理研究会などの課外活動をしている学生さんからの応募はあったんです。それに加えて、昨今では若者の漬物離れが私どもとしては深刻な問題となっていました。というのも、どうしても漬物というと〝塩分過多〟ということで、栄養士さんが献立から除外しがちなんです。《漬物＝塩分》という流れが定着してしまうと、ますます若い世代が漬物から離れてしまう。実際には冷蔵技術の発達など、さまざまな技術革新によって漬物の低塩化はすごく進んでいるんですけど、まだ知られていない。その点をどうにかしなければいけない。そんな思いから《学生の部》を始めることにしました」

当初は「漬物甲子園」を新設しようと考えた。しかし、せっかく「漬物グランプリ」が回を重ねるごとに定着の兆しを見せていたため、その名は残し、グランプリの一部門として「学生の部」を創設することとしたのである。

応募条件はシンプルだ。中学生から大学院生まで、専門学校を含む学校に籍のある者が対象で、それ以外は細かい規定はない。

そして、書類による1次審査を経て、書類と実食による2次審査が東京ビッグサイトで開催される。それぞれの審査は次のような観点で行われる。「応募要項」から抜粋する。

《1次書類審査　2023年3月上旬》

メーカーによる商品化が実現可能な「漬物レシピ」を対象に、彩、コンセプト、独創性、素材、機能性などをもとに審査。

《2次書類&実食審査　2023年3月下旬》
1次審査の項目に加え「香り」、「味」、「食感」などの官能項目も加えて審査。

1次審査では「商品化が実現可能な」と規定されている。この狙いについて真野専務理事が補足する。

「正直言えば、現実的に《商品化が実現可能な》というのは難しいと思います。個人の部で応募される方は、採算を度外視して高級食材を使ったり、手間暇もかけたりして応募されていますから、どうしても採算ベースに乗せることは難しい。けれども、あえて《商品化が実現可能な》と記すことで、私どもとしても〝本格的なレシピを応募してほしい〟という願いを込めています」

はたして、どれぐらいの応募があるのか？

一体、どんな学生が応募してくるのか？

どの程度のクオリティの作品が届くのか？

まったく不透明ではあったが、もちろんやってみる価値はある。全漬連としても、初めての試みに対する期待は大きかった。一連の構想が立ち上がったのは、前年の22年のことである。

期せずして、キムチ部の創部と同じタイミングとなった。

知らず知らずのうちに、キムチ部に追い風が吹いていた。

栗川大輝は思っていた。

（まぁ、1次は余裕っしょ。とりま、東京に行く準備をしておかなくちゃ……）

やはり、ここでも「謎の自信」が顔を覗《のぞ》かせていたのだ。

ベースとなる「白菜キムチ」の作り方

目標は定まった。

漬物グランプリ・学生の部に出品するにあたって、どんなキムチを作ればいいのか？　部員たちによるディスカッションが始まった。

一方で、創部当初から掲げていた「ベースとなる白菜キムチをきちんと作る」という大目標も忘れてはいなかった。22年秋から初冬にかけて、キムチ部員たちはグランプリ応募作品を見据えつつ、基本の徹底に励む日々を過ごすこととなる。沖田が言う。

「私たちの第一目標は、〝誰もが口をそろえて美味《おい》しいと言ってくれるキムチを作る〟ということでした。一般受けするキムチも作れないのに、コンテスト用の作品など作れるはずがないですから」

キムチ部誕生当時、初の試作品となる「ファーストキムチ」は、試食をした教職員たちからは大不評だった。梶本秀二校長は「こんなん、キムチ違うやん」とキッパリと言った。それを受けて、沖田は「下手なものは作れないぞ」と気持ちを引き締める。当然、部員たちに対して厳しく発破をかけることとなった。

この頃、「キムチ部」の活動記録をまとめたファイルには、楊の文字で、こんな言葉が書かれている。

危機感を持て――。

あの春の日から半年ほどが経過した。沖田が続ける。

「9月末ぐらいに職員室に持っていったら、〝美味しくなってる!〟と、意外と好評やったんです。もちろん、コリアタウンにも、黄さんの高麗食品さんにも持っていきました。そこでも結構評判がよくて、〝これならイケるかな?〟という気になってきました」

同じく、この頃にキムチ部の試作品を口にした経験を持つコリアタウン・慶州商店のティエンも首肯する。彼はベトナム出身でありながら、日本の地でキムチ作り、販売に関わっている変わり種だ。

「初めて食べたときはそうでもなかったんだけど、いろいろアドバイスをしたら、どんどん美味しくなっていきました」

具体的な講評を控え、「初めて食べたときはそうでもなかった」と口にしたのは、ティエンなりの気遣いだったのだろう。

部員たちの間にも、次第に自信が芽生えてくる。入学と同時に、創部したばかりのキムチ部に入部した当時1年生の石田圭成が振り返る。

「最初はレシピもなかったので、インターネットサイトを参考にしながらキムチ作りをしていました。そのうち、だんだん自分たちなりにアレンジをしていったんですけど、同じように作っても、同じ味にならないというのがわかってきました。そこがキムチ作りの面白いところであり、難しいところだと気づいていきました」

同じく当時1年生の松本綾華も口をそろえる。

「安定して同じ味のキムチを作ることは本当に難しいと思いました。塩加減だったり、漬けている時間によって味が変わってくるので、本当に安定した味を作れるようになるのは、まだまだ先のことだと思いました」

あるいは、同じく当時1年生の根《ね》来《ごろ》雄琉《たける》も「キムチ作りの難しさ」を痛感していた。

「キムチ作りに当たっては、失敗がつきものだと学びました。わかっていても失敗する。そして、改良する。それを何度も繰り返すことによって、キムチが徐々に美味しくなっていくのはめちゃ達成感がある面白ポイントです」

何度も失敗を繰り返すことで、少しずつコツや要領をつかんでいく。試行錯誤の末に、沖田の言うように9月末頃には、「偕星キムチ」の基本となるものが見えてきた。


改めて、偕星キムチの基礎となる白菜キムチの作り方を紹介したい。

まずは、基本となる「白菜の水抜き」を何度も繰り返して、徹底的に習得に励んだ。

全体のバランスが均等になるように白菜を4等分し、葉の隙間まで丁寧に洗っていく。次にそれぞれの白菜の重さを量り、その重量の5パーセントの塩を加えていく。

インターネット上にあふれるレシピによっては、「丁寧に洗ってはいけない」というものもあったし、塩の量も「5パーセント」ではなく、「3パーセント」もあれば「4パーセント」と記されているものもあった。それぞれを試しながら、「丁寧に洗うこと」、そして「塩の量は白菜の重量の5パーセント」という偕星キムチ流を確立した。

塩を塗り込む際には硬い茎の部分には多めに塗り、柔らかい葉の部分は薄く伸ばすように塗っていくのがポイントだ。ひと通り作業が終わったら、それを20分ほど寝かし、丁寧に塩を洗い流していく。このとき、葉が剝《は》がれ落《お》ちたり、茎が折れたりしたら元も子もなくなるので、より繊細な注意が必要となる。続いて、しっかりと水を切って、容器に白菜を詰めていく。隙間のないようにぎゅうぎゅうに詰めたら、蓋をして重しを置く。

そして、それを一晩寝かせる。翌日、その白菜を取り出して両手でおにぎりを握るように強く絞って、残っている水気をしっかりと切る。水気が残っていると腐りやすくなったり、味つけにムラができたりするので注意が必要となる。

こうした工程を経て、ようやく白菜の下ごしらえが完成する。

ポイントとなるのは3種類の唐辛子の絶妙なブレンド

続いて、キムチの素となる「ヤンニョム」作りに取りかかる。漢字では「薬念」と書き、キムチの味の要となる香辛料や調味料の総称である。

しょうゆ、酢、にんにく、しょうが、味噌《みそ》、コチュジャンなどをベースとして、すりごま、砂糖、粉唐辛子などを混ぜ合わせていく。もちろん、好みに応じて、すりおろしたリンゴ、イカやアミの塩辛、煮干しでとった出汁を加えるなどアレンジは自由自在で、だからこそそれぞれのキムチが「家庭の味」であり、「オモニの味」となるのである。

もちろん、「偕星キムチ」を確立するために、部員たちは試行錯誤を繰り返した。部員たちが記している「活動記録」の「キムチ図鑑」には、こんな表記がある。

にんにく　大2

生姜《しょうが》　大1
アミのしおから　大1
かなり　大1
ダシダ　大1
さとう　大1
りんご　1／2

ここに記されている「かなり」とは、キムチ作りには欠かせない「カナリエキス」のことで、イカナゴのエキスが詰まった韓国の調味料だ。一般的に、深い風味を出したいときにはイワシエキスを用い、サッパリした風味を求めるときにはカナリエキスが使用される。

また「ダシダ」とは、こちらも韓国では一般的な調味料で、75（昭和50）年の発売以来、韓国の家庭ではおなじみのものだ。牛肉、玉ねぎ、にんにくなどを煮込んだものを顆粒状《かりゅうじょう》にしたものが一般的である。

現在ではカナリエキスもダシダも量販店で入手しやすくなっているが、コリアタウンのお膝元である生野区では、さまざまな場所で入手可能だった。

また、砂糖の代わりにはちみつや水飴《みずあめ》を使うケースもある。リンゴがなければリンゴジュースで代用することも可能だし、梨を入れる場合もある。このように、いわゆる「正解」がなく、さまざまなアレンジができることがキムチ作りの楽しさであり、難しさでもある。だからこそ、まったくの初心者であるキムチ部員たちも、早々にキムチ作りに魅了されたのだ。

さらに、「キムチのり」も並行して作らなければならない。これは上新粉と水を混ぜ合わせて、のり状のとろみを出したものだ。土台となる白菜とヤンニョムとの繋《つな》ぎの役割を果たすと同時に、効果的に発酵を促す役割も担うことになる。

ヤンニョムと冷ましたキムチのりを混ぜ合わせたものに、さらに大根、ニラ、ニンジンを和《あ》えて、「キムチソック」が完成する。こちらはキムチの漬けダレであり、このまま食べても十分美味しく、酒を嗜《たしな》む者にとってはこれだけでつまみとなる一品だ。

このとき、ポイントとなるのは唐辛子の配合だった。

宮本商店40グラム、黄さん10グラム、市販品10グラム

これが、大阪偕星学園キムチ部のベースとなる唐辛子の配合である。

ここにある「宮本商店」とは、第二章で紹介したコリアタウンの宮本商店で購入した唐辛子で、「黄さん」とは、黄成守が工場長を務める高麗食品製のものだ。

コリアタウンで親の代から営業している宮本商店・宮本翼成が解説する。

「唐辛子いうのは、辛さにいろいろ種類があって、目の粗さ、細かさで言うと、《大粗・中

粗・細挽《ひ》き》とあるんですよ。メインは《中粗》を使うんやけど、《大粗》を入れるのは色の問題で赤みを出すため、《細挽き》を入れるのは辛味を増すため。辛子いうのは、細かなるほど、辛さを感じます。舌に触れる面積が大きくなるから。だから、それぞれの考えによって、辛子をいろいろ配合するんです」

この配合に決まるまでに、何度も何度も試作を繰り返した。このとき役に立ったのが、かつて宮本が口にした「料理は足し算だけちゃうで、引くことも覚えや」という教えだった。その結果、自分たちだけの配合が完成した。

まだまだ改善の余地もあるだろう。それでも、全員が初心者だった集団は、わずか半年で自己流にアレンジしながら、「ああでもない」「こうでもない」と議論を戦わせるレベルまで達していたのだ。

9月30日、10月1日には文化祭が開催された。キムチ部員たちもブースを出店し、「豚キムチ」を振舞った。松本綾華がデザインした「公式マスコット・初代キムチマン」が、このとき初めてお披露目された。

若干の緊張とともに開店すると、次々と豚キムチが売れていく。自分たちが作ったものが目の前で売れていき、それを勢いよくほおばりながら「美味しい」と言ってもらえる快感は得も言われぬ体験となった。

自分たちがやってきたことに間違いはない。自分たちのキムチ作りは正しいのだ。少しずつ、少しずつ確かな手応えが芽生えつつあった。

混沌《こんとん》とする「漬物グランプリ」出品作品選び

「偕星キムチ」の基本となる白菜作りにいそしむ一方で、漬物グランプリに出品するための作品作りも進めていかなければならない。

部員たちは、それぞれアイディアを持ち寄ってミーティングを重ねた。

22年秋に、上司が手渡してくれたプレスリリースによってその存在を知り、キムチ部への密着取材を始めたMBS・山本美紗子が述懐する。

「教室にみんなが集まって、漬物グランプリに出品する作品について話し合う場面を取材に行きました。そこでみんなが、〝春夏秋冬、四季折々のいろんな野菜を漬けてみたらどうだろう？〟と話していたことを覚えています。それで、みんなで思いつく野菜をノートに書き出していましたね」

第二章で紹介した『キムチの味』（全京華／晶文社）には、「キムチと野菜」についてこんな記述がある。

キムチは、塩をしてシンナリする野菜ならなんでも使えます。なんだってキムチにできる。キムチの種類は数百種類もあるといわれるほどです。私は、旬の野菜は必ずキムチにしますから、1年中、季節の野菜のキムチが何かしら食卓にのぼっているというわけです。

数百種類もあるのなら、いくらでも候補は出てくる。それぞれが思いつく野菜、あるいは果物の名前を次々と挙げていく。


「カボチャのキムチってあるのかな?」

「そう言えば、カリフラワーのキムチって聞いたことないよね?」

「ここはあえて、イチゴをキムチにしてみたらどうかな?」

「トマトなんかいいんじゃない?」

「いや、トマトのキムチなんか、もう定番でどこでも売ってるよ」

「エノキとか、シイタケとか、マイタケとか、キノコ類はどうだろう?」

「あっ、枝豆なんかはキムチになりそうだよね」

「いやいや、枝豆はもうキムチになってるよ。コリアタウンで見た気がする」


議論百出、なかなか意見の一致を見る気配すらなかった。白熱する議論において、当時1年生だった石田圭成は自分自身にいら立っていた。

「漬物グランプリのために、何か新しいキムチを作りたい。その思いはとても強いんです。でも、僕にはなかなかアイディアが浮かばない。ヤル気はあるのに全然案が出てこない。周りの人たちが、次から次へと面白い案を出しているのを見て、〝何で、オレだけ出せへんのや、みんなに迷惑かけてるんじゃないか……〟という思いはすごくありましたね」

その間も、次から次へと食材候補が議題となる。何しろ、既存のキムチだけで数百種類もあるのだ。このままでは、いくら時間を費やしても収拾がつくはずもなかった。

この日、山本には印象的な光景があった。思わずその表情が和らぐ。

「野菜でも果物でもないですけど、沖田先生が〝タコわさなんかいいんじゃない？〟と言ったら、栗川君が、〝タコわさって何ですか？〟って、真顔で聞き返したんです。そのやり取りを見ていて、〝そうだよなぁ、高校生はタコわさを知らないよなぁ〟って、おかしくなったことをよく覚えていますね（笑）」

当初、食材はすぐに決まると思っていた。しかし、なかなか意見の一致を見ない。「数百種類もある」ということは、それだけ候補となる具材も多いからだ。

どうしても、目新しく奇をてらった食材を選びがちとなるものの、すでに誰かが試してみたものだったり、あるいはキムチとは相性が悪すぎて、すでに先達が放棄したものだったり、なかなか、「これだ！」と誰もが納得できる決定打を見出《みいだ》せなかった。

何か、決め手となる明確なコンセプトがほしい。

それは一体、何なのか？

しばらくの間、議論は平行線をたどった。山本は言う。

「事前に、〝今日こそ、グランプリ出品作を決めます〟というので、ぜひその場面を押さえたいから、カメラマンとともに学校に行く。でも、結局は決まらない。だから、また別の日に学校に行く。それでもやっぱり決まらない。そんなことが何度か続きました。あの頃は本当にみんな真剣に悩んでいましたね」

堂々めぐりのやり取りは、ここからしばらくの間続くことになる。

迷走状態は、さらに続く

12月14日付の公式インスタグラムには、部員みんなでコリアタウンを訪問して、試作品のアドバイスをもらっている様子が記されている。


野菜の大きさの重要性、塩漬けの時間、味の深み。まだまだ足りないことを指摘されて、凄《すご》く勉強になりました。

沢山の商店の皆さんにお世話になりました。

優しく迎えて下さりありがとうございました！

漬物グランプリのメニューに対するヒント、そして課題が盛り沢山。さて、何から手をつけましょうか……。明後日は皆で意見を出し合い、メニューを考案します！

この日は、「宮本商店」「慶州商店」「ふる里」「金光商店」「高さんキムチ」「ごちそうさま」を訪問している。当初はなかなか声をかけられなかったキムチ部員たちも、この頃になると地元商店店主たちとも少しずつ親交が深まっていた。

18日、この日はこんぶ、ラッキョウ、みょうが、そしてドライフルーツをキムチにすることに決めた。白菜キムチ作りで培ったノウハウを、新たな食材で試してみたのだ。調理中は、「はたしてどんな仕上がりになるのか？」と期待感にあふれ、部員たちのテンションも高い。しかし、試食の段になって、それは失望に変わる。

感情の起伏は激しく、部員たちは一喜一憂を繰り返していた。

翌19日には、再びＭＢＳのテレビクルーが撮影に訪れた。ディレクターの山本も「今日こそは」の思いで、部員たちを見つめている。レンズの先で彼らが取り組んでいたのがカボチャ、そして枝豆キムチ作りだった。このとき、1年生（当時）の松本綾華が口を開いた。

「やっぱ、キムチと言えばご飯でしょ。だったら、ご飯に合うものをキムチにすればいいんじゃない？」

しばらく考えて、松本が続けた。

「ご飯とたらこは最高の組み合わせだから、たらこをキムチにすればご飯に合いまくって、美味しいに決まってる！」

その光景を見つめていた山本が振り返る。

「この日も、みんなで意見を出し合って、何とか新しいキムチを生み出そうとしていました。それで、近所のスーパーで食材を買って、キムチ作りに励んでいました。本当は何日間か時間を置いた方がいいんでしょうけど、その日に作って、その日に試食するということを繰り返していました。だけど、普段使い慣れていない食材だから、なかなかうまくいかなくて、みんなとても苦労していました」

ちなみに、松本が考案した「たらこキムチ」は「しょっぱすぎて全然美味しくない」ということで、早々に却下されることになった。山本が続ける。

「私も試食させてもらったんですけど、個人的には柿キムチがとても美味しかったです。甘くて、辛くて、しょっぱい。強いて言うなら、〝甘じょっぱ辛い〟という感じでした。でも、よく調べてみたら、柿キムチは日本ではなじみがないけど、韓国ではすでに定番のようで、これも却下されることになりました（笑）」

さらに、翌20日にはシイタケ、種あり梅干し、煮干しと鰹節《かつおぶし》、玉ねぎ、エノキをキムチにしてみたが、どれも何かが足りない、ピンとこない。

思いつくものを手当たり次第にキムチにする作業は、なおも続く。

年の瀬も押し迫った22日には「食材×食材」をテーマとすることにした。AとBをかけ合わせることによって、いまだ誰も体験したことのない、まったく新しいキムチが誕生するのではないか？　そんな思いから、「白菜×焼き梅」「大根×梅干し」を試作する。

さらに「和×韓」として、たくあんキムチにもトライした。日本と韓国を代表する二大漬物の夢の競演である。しかし、やはりインパクトがない。いや、そもそも美味しくない。それぞれ別に食べた方がずっと美味しい。わざわざ掛け合わせる意味など皆無だ。当然、これでは到底グランプリなど獲得できるはずがない。

また、スーパーのおせち料理コーナーで見つけた栗きんとんをキムチにしてみた。もはや、目についたものは手当たり次第にキムチにしてみる。そんな状況だった。

漬物グランプリに向けた部員たちの意欲は重々、理解できる。しかし、完全に迷走状態に陥っていたのも事実だった。出口の見えない挑戦は続いた。副部長（当時）の楊は言う。

「あの頃は、みんなで悩んでいましたね（笑）。グランプリ出品作品がなかなか決まらないのに、応募締め切りが迫っていましたからね」

第1次審査の締め切りは、翌23年2月24日。残り2カ月だ。2カ月という期間が長いのか、短いのか、誰もよくわかっていなかった。

ただただ時間だけが過ぎていく。部費にも限りがある。無尽蔵にさまざまな食材を試すわけにもいかない。刻々と迫りくるタイムリミット……。

結局、何も決まらないまま2022年は暮れていくこととなった——。

高校生らしく、自分たちが好むキムチを作る

2023年が明けた——。

新春早々、キムチ部の迷走状態に終止符が打たれる。どうにもこうにも行かなくなったキムチ部員たちは1月6日、高麗食品の黄工場長に救いの手を求めたのである。

部員たちは、それまで作った試作品を持参し、黄にアドバイスを求めた。

「パイナップルキムチなど、フルーツのキムチがたくさんありました。高校生だから、どうしても奇抜なキムチを作りたくなる気持ちも理解できるんです。でも、単に目新しさだけを追究したり、奇をてらってみたりしても、単なる奇抜なキムチではグランプリ獲得は難しいと思いました。だから、僕からは一つだけアドバイスを送ったんです……」

黄がキムチ部員たちに伝えたのは、実にシンプルなことだった。

——まずは、しっかりとコンセプトを決めること。

黄が解説する。

「僕たちが新商品を開発するときには、まずは必ずコンセプト作りから始めます。そのキムチはご飯のおかずなのか、それともお酒のツマミなのか、はたまた箸休めなのか？　こうしたことを最初に決めた上で、そこからじゃあどうすればいいのか？　どんなキムチがいいのか？　そんなことを詰めていきます。だから、このときもキムチ部のみんなには、〝まずは、しっかりとコンセプトを決めた方がいいよ〟ということを伝えたんです」

この言葉は、栗川部長、楊副部長をはじめとするキムチ部員たちに強烈なインパクトを与えると同時に、暗闇の中を明るく照らす灯台となった。

すぐに、部員たちによるディスカッションが始まる。彼らの考えもまたシンプルだった。


――うちらは高校生なんだから、ご飯に合うキムチを作ろう！


未成年者ばかりの高校キムチ部において、酒に合うツマミは分不相応だし、リアリティがない。ならば、食べ盛りの高校生の食欲をさらに増進させるような「ご飯に合うキムチ」こそ、自分たちが作るべきものではないのか？

黄のアドバイスによって、ようやく暗い迷路から脱出するヒントを得た。この日、ＭＢＳの山本をリーダーとするテレビクルーも、この場に同席していた。

「23年が明けて、キムチ部員が黄さんの意見を求めるために工場を訪れる場面に、私たちも同行しました。〝グランプリに向けていろいろ試しているけど、全然うまくいかないんです。どうしたらいいですか？〟と、栗川君が真剣に相談すると、黄さんが、〝まずはコンセプトをきちんと固めること〟と伝え、私も〝なるほどな〟って思いました」

栗川の表情も明るくなる。生来の「謎の自信」が、ムクムクと頭をもたげてくる。

「ようやく、〝何とかなりそうだ〟という感覚になりました。僕たちは高校生なんだから、高校生が食べて美味しいと思うキムチを作ればいい。ご飯に合うキムチを作ればいい。〝じゃあ、ご飯に合うものって何だろう？〟、そう考えたら、みんなからも、いろいろアイディアも出てきました」


ちなみに、キムチ部の「活動記録」には、次のように記されている。一部を抜粋したい。

《グランプリ案》
※過去に作ったことがあるもの
れんこん、きゅうり、里いも、だいこん、長いも、かぼちゃ、トマト、ナッツ、みそ、かつお、ツナ缶×大豆ミート、じゃがいも、大葉、えだまめ、柿、らっきょう（加熱、非加熱）、たらこ、

ひまわりの種、ドライフルーツ、ひじき、柚《ゆず》こしょう、しそ梅、いちご、あすぱら、牛肉

※どんなものがキムチに合うのか
・味の薄い食べ物が合う。
・フルーツとかもとからおいしいもの
・別にキムチに無理矢理《むりやり》入れなくてもいいものは×。

彼らが作ったさまざまなキムチを試食した一人が宮本商店・宮本翼成だ。

「僕のところにも、〝ちょっと味見してもらえますか？〟ってやってきましたよ。それまで、3回か、4回か試食したけど、ナッツで作ったキムチはよぉ、覚えていますね。食べた瞬間、〝ええ発想やな、斬新やな〟って思いました。しかも美味しかったし、彼らにも〝これはいけるで！〟、言うた覚えがあります」

しかし、キムチ部員たちには、宮本が推すナッツよりも、さらに手応えを感じていた食材があった。先に紹介した「過去に作ったことがあるもの」リストにおいて、一つだけ「☆」が付されている食材がある。

☆大豆ミート

ついに、グランプリ獲得に向けて、ビクともしなかった大きな歯車が、静かに、そしてゆっくりと動き始めることになった——。

第六章

希望の光は、大豆ミート！

——漬物グランプリ出品作品決定

自分の頭で考え、自ら行動できるようになっていく

キムチ部員たちが、漬物グランプリ出品作を話し合っている間、太田尚樹専務理事も、顧問の沖田仁美も、ともに部員たちの自主性に任せていた。

彼らがどんな話し合いをして、どんな結論を出すのか？

部員たちがどこまで自分の頭で考え、それを行動に移すことができるのか？

そんな思いとともに、キムチ部員たちの奮闘を見守っていた。沖田が言う。

「創部間もない頃は、もうほとんど私が部長みたいな役割で、先頭を切って、〝これをしよう、あれをしよう！〟と行動していました。私もそうだし、太田専務理事もそうだと思うけど、本来ならば生徒たちが自分から考えて、自分で動いて、たとえ失敗したとしても、また自分で反省する……。そんなことを求めていたんですけど、やっぱり最初の頃は右も左もわからないから、いつも〝沖田先生、これはどうすればいい？〟と質問されてばかりでした。いや、その質問すらできず、私に命じられたことだけをやって、その後はただ黙って立っている……。そんな状況でした」

教師たちが生徒に求めていたものは、「自分で考え、自分で行動すること」だったが、創部当初はまったくそんな状態にはなかった。しかし……。

「最初の頃は部長の栗川にしても、副部長の楊にしても、まだまだダメダメで、私が言わな動けへん、みたいな状況でした。でも、4月になって1年生が入部してきたことで、彼らも少しずつ動けるようになりましたね。それまでの私は〝自分で考えろや！〟って、ブチ切れてばかりいたんです（笑）。でも、文化祭が終わった頃、ある程度は自分たちで進めていくことができるようになっていきました。コリアタウンとの交流もそうです。自分から話しかけることができなかった楊が、〝今、お時間よろしいですか？〟って、相手の都合を考えながら、自分から声をかけている姿を見て、〝あぁ、少しずつ成長してきているんだなぁ〟って感じることが多くなっていきました」

沖田の言葉を受けて、楊が言う。

「やっぱり、最初の頃よりはコリアタウンの方々とのコミュニケーションもずっとよくなっていったと思います。僕自身、一期一会という言葉がすごく好きなので、せっかくコリアタウンが地元にあるのならみんなと交流したい。時間を見つけては一人でもコリアタウンに行くようにしているのは、それが理由です。最近では何のためらいもなく自分の意思で足を運ぶことができるようになりました。他の部員たちも、キムチ部としての活動のときだけじゃなく、普段からコリアタウンの人たちと触れ合うように、少しずつそうなればいいなって考えています」

あるとき、楊は「コリアタウンでキムチを売っているおばあちゃん」から、「ある頼み事」をされたという。

「コリアタウンのお店って、個々のお店が独立していて、店同士の交流があまりないようなんです。で、あるおばあちゃんから頼まれたんです。〝今よりももっとお店同士の繋《つな》がりが深まるような関係になりたい。わだかまりというわけじゃないけど、それをなくすのは君たちにかかっているんだよ。ぜひ、そんな関係が実現してほしい。その未来を担っているのはあなたたちなんだよ〟って。この言葉はすごく印象に残っています」

そして、楊は続けた。

「せっかく、キムチ部を通じていろいろな人との縁ができたのだから、この街の人々の絆《きずな》を繋げたいじゃないですか。今はまだ十分に手をとり合ってはいない関係の人たちを繋ぐ接着剤になりたい。それが、僕にとってのキムチ部でもあるんです」

それは、実に力強い言葉だった。見知らぬ他人と会話をすることすらままならなかった楊も、店主たちとのコミュニケーションを通じて、少しずつ社交的になっていく。周囲はもちろん、本人にとっても「交流の楽しさ」は、日に日に強くなっていった。

太田専務理事も、生徒たちの急成長について言及する。

「私は、沖田に頼ることが多かったんですけど、確かにこの頃から生徒たちの変化をハッキリと感じられるようになってきました。それまでずっと、〝自分の言葉でしゃべることは難しいけど、それができるようになるといいよね〟って言ってきたんです。そして9月、10月に行われたオープンスクールでも、人前に立ってみんなきちんと自分の言葉でキムチ部の活動内容、活動の魅力について説明できるようになっていました。正直、そういうことがまったくできない子たちだったので、それでも粘り強く考えさせ続けることで、〝ここまで成長するんだなぁ〟って感じましたね」

取材を通じてキムチ部と関わりを持つことになったＭＢＳ・山本美紗子も同様の感想を抱いていた。

「最初に取材をした頃は、栗川君も〝何を言えばいいんやろ？〟っていう感じで、太田専務や沖田先生が耳打ちをして、言われるがままにコメントしていたんですけど、だんだんきちんと自分の言葉で話すようになっていきました」

この頃、同行していたカメラマンが「本当に驚いた」と口にしたことがあるという。

「カメラマンがビックリしていたのは、こちらからは何も指示を出していないのに、栗川君が自ら振り返ってカメラを意識した上で、自分から感想を話してくれるようになったことでした。それに、取材を続けているうちにコメントも少しずつ上手になっていきました。私としては、〝もっと素直なコメントでいいんだけど……〟と思いつつ、栗川君の発言が少しずつ上手になっていくのは見ていて面白かったです（笑）。回を重ねるにつれて、少しずつ彼らと打ち解けていくようで、私も嬉《うれ》しかったです」

こうした発言を受けて、栗川が素直な思いを披露する。

「キムチ部ができた頃、そしてテレビの密着取材が始まった頃は何を言えばいいのかわかりませんでした。曖昧なことを口にしたら、下手したらウソをついてしまう可能性もあるじゃないですか。それがテレビで放送されたらイヤすぎて何も言えなかったんです。でも、自分なりにテレビ取材を通じてキムチのことをいろいろ知っていくうちに、自分の考えが言えるようになりました。そうしたら、キムチに限らず、他のことについても話せるようになった。最近ではテレビで話すことも、人前でしゃべることもようやく慣れた、そんな感じです」

人前に出て、発言をすること。栗川はその重みをきちんと理解していた。

「今までは自転車の乗り方にしても、めっちゃ雑で本気で飛ばしていたんですけど、最近は周りの目があるからそういうことも気にするようになりました。普段の生活にもめっちゃ責任感を持っていないと、学校にもキムチ部にも迷惑がかかるから。自分の行動一つが、将来にとてつもない大きなことを生むこともあると思うんで……」

かつて、不登校児だった面影は完全に消《き》え失《う》せていた。

キムチ部誕生前、そして誕生後——。

生徒たちは、確実に変わった。たくましく、そして強く成長していた。

起死回生の「大豆ミートキムチ」に決まるまで

2023（令和5）年新春、前年末から続いていた漬物グランプリ出品作を決めるミーティングはいよいよクライマックスを迎えようとしていた。第五章で紹介したキムチ部の「活動記録」には、次のように記されている。

《グランプリ案》
※過去に作ったことがあるもの
れんこん、きゅうり、里いも、だいこん、長いも、かぼちゃ、トマト、ナッツ、みそ、かつお、ツナ缶×大豆ミート、じゃがいも、大葉、えだまめ、柿、らっきょう（加熱、非加熱）、たらこ、ひまわりの種、ドライフルーツ、ひじき、柚《ゆず》こしょう、しそ梅、いちご、あすぱら、牛肉

目につくものは何でもキムチにしていた部員たちが、あえて「☆」をつけた食材がある。それが、楊が「学校の近所のスーパーで見つけた」という「大豆ミート」だ。

「栗川は〝肉のキムチを作りたい〟と言っていたんですけど、このときはあえて彼に対抗するというか、〝ちょっと違ったことをやりたい〟という思いがありました」

このときのことを沖田が振り返る。

「そもそも、海鮮系のキムチについては予算の関係上、キムチ部としてトライすることには無理があると思っていました。そうしたら、今度は〝肉のキムチを作りたい〟というアイディアが出ました。そして、黄さんのアドバイスを基に、〝そぼろのキムチはどうだろう？〟となっ

たんですけど、私としては肉のキムチなんて聞いたこともなかったし、衛生的にも不安がありました。そうしたら、生徒たちが学校近くのスーパー玉出で大豆ミートを見つけてきたんです。その瞬間、〝あっ、それならええやん〞って感じました」

沖田によれば、それからしばらくしてこのスーパー玉出は潰れたという。

「普段からキムチ部のことを応援してくれていたスーパーで、売り場のおばさんたちもよくしてくれて、本当に至れり尽くせりで玉出さんには感謝しかないです」

グランプリ出品作を考えていたある日、学校近くのスーパーで楊が目にしたのが大豆ミートだった。大豆ミートとは、牛肉や豚肉のような家畜肉の代わりに植物由来の大豆で作った代替肉のことであり、ＳＤＧｓの流れに乗って欧米で広まり、最近では日本でも少しずつ一般的になっている。沖田が続ける。

「実は私、漬物グランプリの過去の入選作を調べてみたんです。私が見た感じだと、時代の流れというのか、ＳＤＧｓを意識した作品が入賞しているということに気がつきました。だから、〝環境問題を意識した作品がいいな〞って思っていたんです。私としては、〝捨てられることの多い白菜の一番外側の部分を使って作ったキムチがいいのかもしれない〞と思っていたんですけど、それよりもやっぱり大豆ミートの方がストレートにＳＤＧｓに繋がってくるし、子どもたちが目指していた〝ご飯に合うキムチ〞というコンセプトにも繋がってくる。そうなるとやっぱり、大豆ミートで決まりですよね」

時代の流れを見据えること。

世間の動向をつかむこと。

沖田のこの指摘は、後に大きな意味を持つこととなる。

高麗食品・黄成守のアドバイスを受け、キムチ部員たちは「高校生らしく、ご飯に合うキムチを作ろう」とコンセプトを固めた。「ご飯に合うもの」として、部員たちが目をつけたのが「鳥そぼろ」だった。「そぼろがあれば、無限にご飯が食べられる」という意見に異議を唱える者はいなかった。

密着取材を続けていたMBS・山本が当時を振り返る。

「23年の1月6日に、みんなで高麗食品に行って、意見を聞く場面を取材しました。このときに、黄さんから、〝みんなは高校生なのだから、ご飯に合うキムチがいいのでは？〟とアドバイスをもらっています。そこまで撮影して、その日の取材は終わったんですけど、その数日後に偕星学園に行くと、すでに〝大豆ミートで作ろう〟という流れになっていました。詳しく聞くと、〝ご飯に合うのはそぼろだ〟となったそうです。で、最初はお肉で作ろうと思っていたけど、足が早くて日持ちしないということで、楊君が見つけた大豆ミートに決まったそうです。私たちとしても突然のことだったので、〝えっ、大豆ミート？〟という感じでした。そこからはとんとん拍子に進んでいったように見えたんですけど……」

栗川が当時を振り返る。

「大豆ミートに決まったのは、シンプルに〝いちばん美味《おい》しかったから〟という理由です。黄さんからアドバイスをもらって、《ご飯に合うキムチ》をいろいろ考えた結果、大豆ミート以外のものはあまりにも食えたものじゃないという感じでした（笑）。その点では大豆ミートはすごくよかったんですけど……」

そこまで言うと、栗川は口ごもった。ＭＢＳの山本も、「そこからはとんとん拍子に進んでいったように見えたんですけど……」と言葉を濁した。２人の言葉にあるように、「大豆ミートキムチ」はここから二転三転、数度の紆余曲折《うよきょくせつ》をたどることとなる。

どうすれば「大豆臭さ」を消し去ることができるのか？

大豆ミートで作ったキムチは、それまでにない新しい風味がポイントだった。しかし、どうしても大豆臭さを消し去ることができなかった。

最初は水で戻してから炒《いた》めてみた。それでもどうしても大豆臭さは消えない。

次に試みたのが、しょうゆとみりんを混ぜ合わせた和風だしで煮てからキムチを作ることだった。同時に中国の代表的調味料である甜麵醬《てんめんじゃん》で作ることにもトライした。

つまり、「日本×韓国」、あるいは「中国×韓国」の掛け合わせによって、新しいキムチを作ろうと試みたのだ。ＭＢＳ・山本は言う。

「大豆ミートでキムチを作ることが決まって、そこからはとんとん拍子に進んでいくかと思ったんですけど、今度は〝和風だしで作るか、甜麺醬で作るか？〟ということで議論が始まりました。部員たちで多数決を採ったんですけど、ほぼ半々で結論が出ませんでした。私としては、視聴者の方にわかりやすいようにスムーズに決まってほしかったんですけど、〝困ったな、なかなか結論が出ないな……〟と内心で不安を感じていました（笑）」

和風だしにするか、甜麺醬にするか？

迷いの原因は「大豆臭さをいかに消し去るか？」というところにあった。ここで部員たちが頼りにしたのが、またしても高麗食品・黄成守だった。

グランプリの応募締め切り2月24日が間近に迫った13日、副部長の楊はインスタグラムを通じて黄にＤＭを送っている。

お世話になってます。夜分遅くに突然申し訳ありません。

キムチ部副部長の楊です。

少し黄さんに相談があります。

僕たちは現在漬物グランプリに向けてキムチ作りに全力投球中で、大豆ミートを使ったキムチにチャレンジしています。それをより良いものにしようとしている最中に黄さんの大豆のお肉キムチが目に止まりました。大豆ミートを炒めずに、どうしたらそんな風な肉感を出せるのか、気になってしまいました。現状、茹《ゆ》で戻しただけだとお肉感が出てくれず、困っています。部外秘かもしれないですが、何かヒントになる助言をいただけないでしょうか?

楊からのDMに対して、黄はわずか2時間後に、次のように返信している。

こんばんは!
茹で戻す前に、醤油《しょうゆ》、砂糖、みりん、料理酒と水で調味液を作ってヒタヒタにした状態で10分ほど炊き込んでます。みりんや酒で煮込む事で、肉感を出したり、大豆の独特の臭みを和らげますよ～!

楊が記したように「部外秘かもしれない」ことを包み隠さず黄は披露した。その顚末《てんまつ》を本人は次のように語る。

「ちょうど僕が自分のインスタグラムで大豆ミートのキムチを紹介したときに〝味つけで悩んでいるからアドバイスをもらえますか?〟と連絡がきました。詳しく聞いてみると、本当は鶏肉のミンチでそぼろを作りたかったそうなんですけど、コストの問題から大豆ミートを使うことになったそうです。ただ、大豆ミートって大豆臭さがネックになるんです。このとき、私がアドバイスをしたのは大豆を戻すときに水だけで加熱するのではなく、しょうゆや砂糖、みりん、料理酒などを加えて加熱することでした。これで一気に大豆臭さは消えます。これは《マスキング》という方法なんですけど、それを提案しました」

この発言にあるように、大阪偕星学園キムチ部が試行錯誤の末にたどり着いた「大豆ミートキムチ」は、ほぼ同じタイミングで高麗食品もまた試作に励んでいたのである。

楊が触れた「黄さんの大豆のお肉キムチ」とは、黄の言葉にある「自分のインスタグラムで大豆ミートのキムチを紹介」のことである。

黄のインスタグラムをたどってみると、その記事は23年2月13日付となっている。インスタにアップされた当日、この投稿を目にした楊は、何かに弾かれるようにすぐにDMを送ったのである。黄によるこの投稿には、他のキムチとは大きく異なる大豆ミートキムチならではの特徴が記されている。

100g中たんぱく質が16・9gも入った珍しいキムチですので、筋トレやダイエットを意識されている方には良い商品です。

黄のアドバイスに従って味つけしてみると、確かに大豆ミート特有の臭みは一気に軽減された。さらに、上質のプロテインとしての効果も期待できることがわかった。

当初は「和風だしか、甜麺醤か？」で悩んでいたキムチ部員たちだったが、黄のアドバイスもあり、「より繊細な味わいが楽しめるということで和風だし」に決まった。

「甜麺醤も美味しかったんです。でも、甜麺醤は甜麺醤の味しかしないので、それ以上アレンジができないんです。だけど、和風だしなら1次審査から2次審査の間に、まだまだ改良の余地がある、ブラッシュアップできるという点も大きかったようです」

MBSの山本が振り返るように、キムチ部員たちは、書類審査のみで行われる1次審査から、実際の試作品を送る2次審査までのわずかな間で、もっともっと美味しくするべくまだまだ改良するつもりでいた。彼らが見据えていたのは「1次審査通過」ではなく、あくまでも「グランプリ獲得」だったのだ。そして、このとき大きな支えとなったのが、かつて宮本商店・宮本翼成から聞いた「教え」である。

料理は足し算だけちゃうで、引くことも覚えや——。

インパクトが強くパンチのある甜麺醤ではなく、繊細な味を表現できる和風だしを選択した。これならば、足すことも引くこともできる。そこには、宮本の教えが息づいていたと言えるだろう。

ようやく、難題が解決したかのように思えた。しかし、ここからキムチ部にはさらなる問題が生じるのである。

加熱するのは、はたして「邪道」なのか？

大豆ミートの臭みを消すために、和風だしを使って肉感を出し、臭みを消すことに成功した。しかし、ここで新たに問題となったのが、「はたして加熱してもいいのだろうか？」ということである。「加熱する」ということは、すなわち「調理する」ということと、ほぼ同義である。素材本来の持つ風味ではなく、さまざまな調味料を加えて調理したキムチは、本当にキムチと言えるのだろうか？

「白菜キムチ」なら、誰もが「漬物」だと認識することだろう。

しかし、例えば「豚キムチ」となるとどうか？　豚肉とともに炒めたキムチは「漬物」ではなく、「惣菜《そうざい》」であり「おかず」ではないのか？

漬物グランプリを主催する全日本漬物協同組合連合会（全漬連）の応募規定を何度読んでも、その記述はなかった。副顧問の藤澤俊郎が振り返る。

「大豆ミートキムチを漬物グランプリに出品することが決まった後、〝加熱したものをキムチにしてもいいのだろうか？〟という疑問が出てきました。全漬連のホームページを確認したんですけど、よくわからない。だから、全漬連さんには何度か電話をしました。けれども、やっぱりその基準は明確ではなくて、〝前例がない〟ということで、いいのかダメなのかハッキリしない。要は、〝加熱したものを漬物にしても、はたしてそれは本当に漬物と呼べるのかどうか？〟ということです。沖田先生とも何度も話し合ったけど、やっぱり結論は出ませんでした……」

このとき、顧問の沖田と、副顧問の藤澤は決定的な見解の相違を見ることになる。

「沖田先生の考えは、〝前例がないのならやめよう〟というもので、逆に僕は〝前例がないのであれば、僕たちがその前例となればいい〟という考えでした。応募締め切りがどんどん迫ってきているのに、なかなか結論が出ないまま時間が過ぎていきました」

生徒のいる前で、自分の意見を強攻に主張するつもりはなかった。創部以来、献身的にキムチ部を牽引《けんいん》してきた沖田の考えを尊重するつもりはあった。

けれども、2月のある日のこと。藤澤の考えが決定的に変わる事態が起きた。

「子どもたちの前で言い争いをするつもりはもちろんありませんでした。でも、沖田先生が楊に対して、〝そんなのは邪道だ〟って言ったんです。教師という立場の人間が、簡単に〝邪道だ〟と口にしていいのかどうか？　生徒に対して個人的な思いを押しつけていいのか？　そもそも、《邪《よこしま》》とは何だろう？　つい、そんなことを考えてしまったんです。きっと、沖田先生は、〝藤澤先生がそこまで深刻にとらえているとは思わなかった〟と言うと思います。けれども僕は、《邪道》とか《邪》という言葉を、子どもたちに向かって使うのはいかがなものかと感じました」

一連のやり取りを受けて、藤澤は決意する。

（むしろ、加熱した大豆ミートでキムチを作るべきだ……）

普段は口数が少なく、沖田の陰に隠れて縁の下の力持ちとしての役割を任じていた藤澤だったが、ここから漬物グランプリ応募までの数週間、彼は「大豆ミートキムチ」完成におけるキーパーソンとしての役割を演じることになる。

プログレバンドから、高校教師に転身

キムチ部副顧問の藤澤俊郎が教員を目指すことを決めたのは、40歳を目前に控えた頃のことだった。

１９７６（昭和51）年12月、大阪で生まれた。キムチ部が発足した２０２２年４月に大阪偕星学園に赴任する前は、同じく大阪の私学で５年間、数学教師として過ごした。

「それ以前は、どうされていたのですか？」

そんな質問を投げかけると、藤澤は意外な言葉を口にした。

「教師になる前はずっとバンド活動をしていました」

不意の発言に驚きつつ、「いつまで活動していたのですか?」と質問を重ねる。

「2002年から、2015年までですね」

15年と言えば、藤澤が39歳になる年のことだ。

「プロを目指しながら、アマチュアでバンド活動をしていました。インディーズバンドで、決して売れていたわけではないけど、《BLACK SWAN》というバンドです。僕はキーボード担当で、ジャンルで言えばポップスロック、プログレッシブロックです。とはいえ、別に洋楽でも邦楽でもなく、自分たちが新たなジャンルの創始者である。そんな思いでした。この学校では、バンド活動のことは誰にも言っていないんですけど……」

穏やかな佇《たたず》まいで淡々と話す藤澤の姿からは、まったく想像もつかない返答だった。

「……自分で言うのもおかしいですけど、見た目は真面目そうな感じやのに、中身は全然違う。自分で自分のことをそう思っています(笑)」

教員免許は持っていなかった。しかし、33歳のときにバンド活動を継続しながら、教員免許取得のために大学に再入学した。きっかけは読書だった。

「それまであまり本は読んでいなかったんですけど、大学時代の友人からはずっと、〝お前はもっと本を読んだ方がいい〟と言われていました。それで、言われるがままに本屋に行き、いろいろな本を読み、いろいろな人の考え方に触れるにつれて、考えが変わっていったんです。それまでは、〝自分ならではの曲が作れればいい〟と考えていたけど、次第に〝若い人たちが自分をきっかけとして頑張ろうと思えるような仕事がしたい〟と思うようになりました。それで、教員の道を目指すことにしたんです」

こうしたバックボーンがあったからこそ、藤澤は沖田の発した「邪道」という言葉に強く反応することになった。

「ギリギリのところを攻めること。それがすなわちプログレみたいなところがありますから、《邪道》という言葉にも、つい過剰に反応してしまったんだと思います。〝邪道だという考え方こそ、邪道じゃないのか？〟って（苦笑）」

キムチ部員たちに尋ねても、「藤澤先生は物静かな人」と語っていたが、ここから話はさらに熱を帯び始める。

「僕としては、人が見えていないものが見えていなければ生きてる意味がない。誰でもできることならば、他の誰かに任せておけばいい。自分は自分にしかできないことをやりたい。ずっとそんな思いを抱いていました」

自分は自分にしかできないことをやりたい——。

それは、「キムチ部にはキムチ部にしかできないこと」と言い換えてもいいだろう。いまだ誰も挑戦していなかった「大豆ミートキムチ」こそ、日本唯一のキムチ部に相応《ふさわ》しいのではないだろうか？

キング・クリムゾンにピンク・フロイド、そしてイエス……。藤澤の胸の内に眠るプログレスピリッツがほとばしる。その思いは熱く、そして強固だった。

さまざまな意味を掛け合わせた「×キムチ」誕生!

大阪偕星学園内で問題となっていた「加熱するのはアリなのか、それともナシなのか?」「炒めた大豆ミートはもはや漬物ではなく、惣菜であり、創作料理ではないのか?」について全漬連の真野康彦に問うた。

「なるほど、確かにそれは《惣菜》と言えるものかもしれないですね。そこは判断が難しい問題ではありますけれど、正直言えば《法人の部》ではなく、《学生の部》であるということなので、そこまで厳密に考える必要もないと思います。例えば、福神漬けは7種類の漬物を別々の工程で作ったものを一つにしていますし。実際に、漬物グランプリの審査委員の先生方も、その点については何も指摘していませんでした」

副顧問の藤澤が事務局に直接問い合わせたということはすでに述べた。この真野の回答にあるように、結論としては「加熱しても構わない」ということではあったが、問い合わせの電話に対応した担当者は自分で判断することができず、そうかといって、それを上長に確認することもせず、つい曖昧な返答となってしまったのかもしれない。

そうした実情を知らないキムチ部では、最後の最後まで「加熱はアリか、ナシか?」で議論することとなり、最終的に「加熱しよう」と決定してからも、最終結果が発表されるまでハラハラした思いを抱くこととなった。

紆余曲折はあったものの、藤澤の強い意志と部員たちの要望もあり、そして何よりも「それまでに作ったどのキムチよりも美味しい」という理由によって、和風だしで加熱した大豆ミートをキムチにすることが決まった。あとは、高麗食品・黄のアドバイスに従って、最適のレシピを完成させるだけだった。1次選考は書類審査のみである。

メーカーによる商品化が実現可能なレシピを仕上げ、応募書類にコンセプトや独創性、素材の地域性、彩りや機能性を明記しなければならない。コンセプトは、黄のアドバイス通りに「高校生が食べて美味しいキムチ」「ご飯に合うキムチ」と決めた。

さらにキムチ部員たちは新たなコンセプトを加味することも決めていた。栗川が言う。

「キムチ部を作ったときのコンセプトの一つとして、〝キムチを通じて、日本と韓国の懸け橋になる〟という思いがありました。だから、ご飯にかけるそぼろという意味も含めて、〝いろいろな意味を掛け合わせてみようか？〟とアイディアが出ました」

なかなか出品作品が決まらず堂々めぐりを繰り返していた22年末のミーティングと異なり、「大豆ミートキムチ」に決定してからのキムチ部員たちの議論は白熱し、次から次へとアイディアが出てくるものとなった。

顧問からの指示通りにしか動けなかったかつての姿はそこにはなかった。
こうして、彼らは「意味を掛け合わせる」という新たなコンセプトを策定し、作品名を「×キムチ」とすることを決めた。そして、応募書類に次のように大書した。

日本×韓国、ご飯にかける！
うどんにかける！　新感覚キムチ！！

『×キムチ』は本格派の韓国キムチと日本食を代表するそぼろを〝かけ〟合わせたキムチです。
僕たち高校生の欲張り、叶《かな》えちゃいました。

さらに補足は続く。

【魅力1】意味をかけ合わせ

#日本のそぼろ　×　韓国の白菜キムチ　＝　歴史的一品
#そぼろの甘味《あまみ》　×　キムチの辛味　＝　引き立つ旨味
#ほろほろ　×　シャキシャキ　＝　たまらん食感

#キムチ　×　ご飯、キムチ　×　麺類　＝　とまらん食欲
#カプサイシン　×　乳酸菌　×　高たんぱく低脂質　＝　超健康
#高校生の情熱　×　キムチ　＝　青春の一キム入魂

＝「×キムチしか勝たん！」

【魅力2】大豆ミートを使用

「鶏肉《とりにく》を冷やすとどうしても脂が浮いて白く固まるなぁ…」「お肉を研究するには高校生のお財布事情的にも厳しいなぁ…」そんな悩みを解決してくれたのが、この大豆ミート。独特な豆の香りを取り除き、味、食感もろとも『そぼろ』に近づくよう、研究を重ねました。

大豆ミートのＰＲに続いて、ベースとなる「偕星キムチ」のアピールが始まる。

【魅力3】偕星キムチ部のこだわり白菜キムチ

これまでの歩み

◇失敗続きの日々
漬物作り初心者の僕たち。最初は表現できないほど酷《ひど》いキムチばかり作っていました…。
◇地域の方々のご協力
「このままじゃあかん！」近所の生野コリアタウンをはじめとした、キムチのプロにアドバイスを頂き、改良に改良を重ねました。
◇「美味しい！」キムチの完成

こだわりキムチの完成
①本格韓国風キムチ・魚醬《ぎょしょう》や唐辛子を厳選したヤンニョムを作りました。
②キュッと締まった白菜・白菜の塩漬けの独自の方法を築き上げました。
③辛いのが苦手な人でも食べられる・部員の中には辛いのが苦手な部員もいます。そこから誰もが美味しく食べられるキムチを作ろうと心掛け、唐辛子にこだわりました。

実によく練られた「作品ＰＲ文章」である。

応募規定にある「コンセプトや独創性、素材の地域性、彩りや機能性」をすべて網羅し、キムチ部ならではのオリジナリティを存分にアピールしている文句のないものだった。

そして、最後にこんな一文をしたためた。

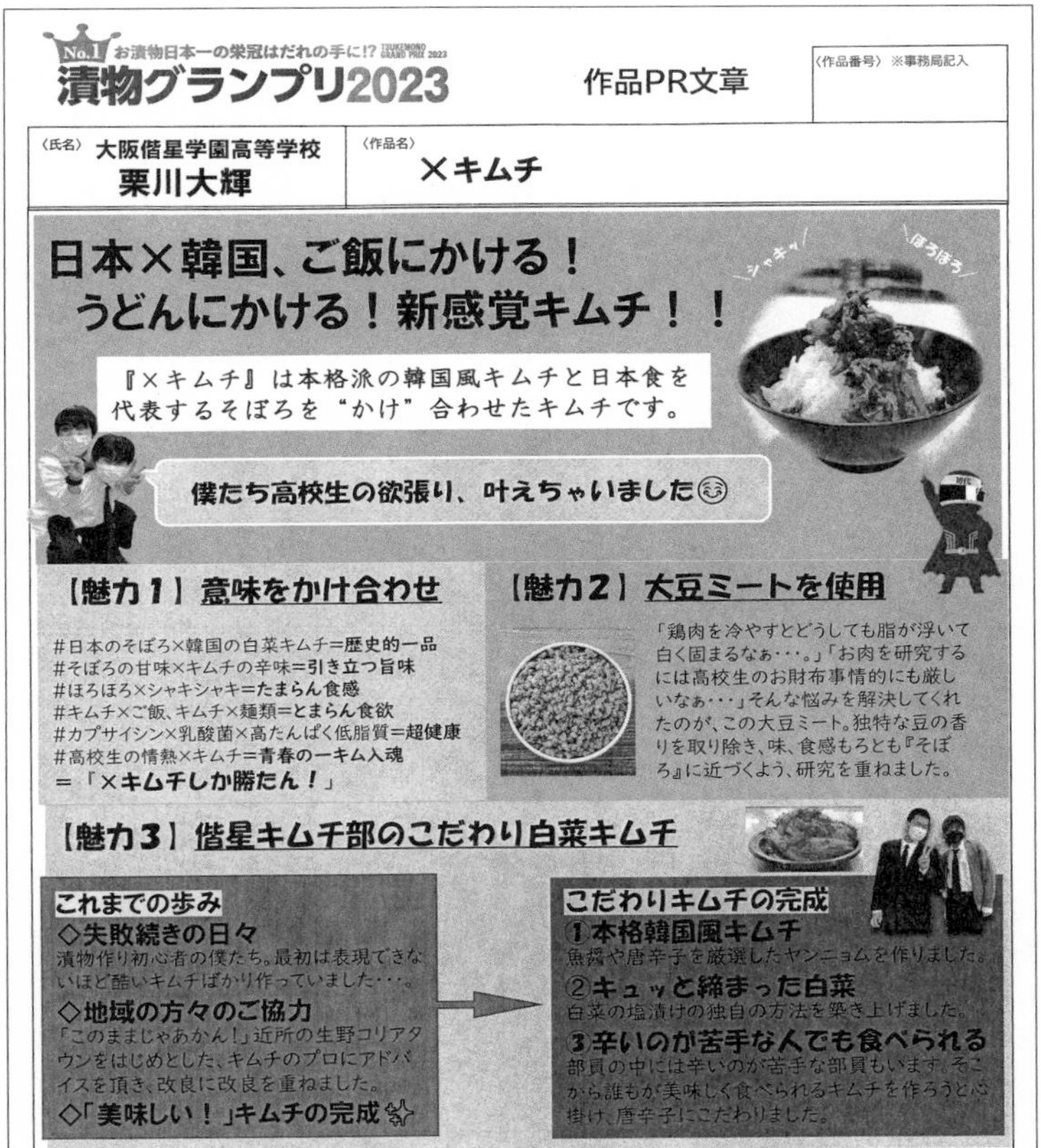

No.1 お漬物日本一の栄冠はだれの手に!? TSUKEMONO GRAND PRIX 2023
漬物グランプリ2023

作品PR文章

〈作品番号〉 ※事務局記入

〈氏名〉 大阪偕星学園高等学校
栗川大輝

〈作品名〉 ×キムチ

日本×韓国、ご飯にかける！うどんにかける！新感覚キムチ！！

＼シャキッ／ ＼ほろほろ／

『×キムチ』は本格派の韓国風キムチと日本食を代表するそぼろを“かけ”合わせたキムチです。

僕たち高校生の欲張り、叶えちゃいました😊

【魅力1】意味をかけ合わせ

#日本のそぼろ×韓国の白菜キムチ＝歴史的一品
#そぼろの甘味×キムチの辛味＝引き立つ旨味
#ほろほろ×シャキシャキ＝たまらん食感
#キムチ×ご飯、キムチ×麺類＝とまらん食欲
#カプサイシン×乳酸菌×高たんぱく低脂質＝超健康
#高校生の情熱×キムチ＝青春の一キム入魂
＝「×キムチしか勝たん！」

【魅力2】大豆ミートを使用

「鶏肉を冷やすとどうしても脂が浮いて白く固まるなぁ・・・。」「お肉を研究するには高校生のお財布事情的にも厳しいなぁ・・・」そんな悩みを解決してくれたのが、この大豆ミート。独特な豆の香りを取り除き、味、食感もろとも『そぼろ』に近づくよう、研究を重ねました。

【魅力3】偕星キムチ部のこだわり白菜キムチ

これまでの歩み

◇失敗続きの日々
漬物作り初心者の僕たち。最初は表現できないほど酷いキムチばかり作っていました・・・。

◇地域の方々のご協力
「このままじゃあかん！」近所の生野コリアタウンをはじめとした、キムチのプロにアドバイスを頂き、改良に改良を重ねました。

◇「美味しい！」キムチの完成

こだわりキムチの完成

①本格韓国風キムチ
魚醤や唐辛子を厳選したヤンニョムを作りました。

②キュッと締まった白菜
白菜の塩漬けの独自の方法を築き上げました。

③辛いのが苦手な人でも食べられる
部員の中には辛いのが苦手な部員もいます。そこから誰もが美味しく食べられるキムチを作ろうと心掛け、唐辛子にこだわりました。

文化祭では豚キムチを販売しました。

顧問の沖田先生が食品衛生責任者です。

TBS「ひるおび」で特集されました。

＼どうぞよろしくお願いします／

1次審査に提出した「作品PR文章」。オリジナリティあふれる素晴らしい内容だ

漬物グランプリは私たちキムチ部の公式戦です。

この大会のために部員10人でたくさん考え、レシピをつくりました。プロの先生たちのご意見がうかがえること、楽しみにしています。どうかよろしくお願いします。

部員一同より

キムチ部員たちにとって初めての「公式戦」が始まろうとしていた。

誰もが手応えを感じていた「×キムチ」

その後も、締め切りギリギリまで高麗食品・黄のアドバイスを基に、キムチ部員たちは「大豆ミートキムチ」のさらなる改良に取り組んだ。この日々について沖田は言う。

「大豆ミートキムチもそぼろ風にしたり、海鮮であるカツオを加えてちょっと豪華にしたり、いろいろ試してみました。もちろん、それまで同様に職員室で他の先生たちにも食べてもらったんですけど、みんなが〝これは美味しい!〟って言ってくれたんです。それまでは、〝辛いわ〟とか〝薄いわ〟って言われていたのに、そぼろ風はみんなが〝美味しい!〟って言ってくれました。それで、〝これは万人受けする味なんだ〟って自信を持つことができましたね。生徒たちも自信満々でした、謎に（笑）」

そして、沖田はつけ加えた。

「応募規定を見ると、《彩り》というのも重要なポイントになっています。過去の受賞作品を見ても、キムチはあまりなくて、カラフルなピクルスやいぶりがっこが受賞しているんですけど、キムチ、キムチだとどうしても《赤》になってしまいます。だから、最初の頃は大根を使った白いキムチ、《水キムチ》も考えたりもしたけど、大豆ミートキムチと決めてからは、〝もう赤でいくしかない。オシャレ系漬物には絶対に負けるなよ！〟という思いでした（笑）」

創部当初、沖田が目指した「漬物界の大阪桐蔭になる！」「近大マグロに並ぶ、偕星キムチを作る！」という野心が再びメラメラと燃え盛っていた。

応募書類に添付する写真は、「アンタは映え写真が得意やろ！」という理由で、1年生（当時）の松本綾華に託された。こうして、松本の撮影した写真を使用して、エントリーシートを完成させた。書類選考のみの1次審査を通過すれば、今度は実際の作品をクール便で事務局に送る2次審査が控えている。

「正直言えば、『×キムチ』のアイディアについては、僕自身は何も関わっていません。生徒たちが考え、自分たちで決めたものだからです。でも、言葉にすると大げさになるかもしれないけれど、僕としては〝『×キムチ』を守った〟という思いはあります。生徒たちのアイディアを潰させなかった。自分では、そう思っています」

正式に「×キムチ」の出品が決まった際の心境について尋ねると、藤澤は胸を張って言った。部員たちも、それぞれに手応えを感じていた。さんざん迷い、悩んだからこそ、栗川も楊も、安堵《あんど》の表情を見せていた。

「応募書類を作っているときから、〝これは間違いなく1次通過っしょ。東京に行く準備をしなくちゃ〟って、自信満々でした（笑）」

栗川が笑った。それは、決して「謎の自信」ではなく、「根拠のある自信」だった。栗川を筆頭に、キムチ部員たちは確実に変わりつつあった——。

第七章
栄冠は、大阪偕星学園キムチ部に！
――漬物グランプリ獲得

「唐辛子の配合を間違えて出品する」という痛恨のミス

2023（令和5）年3月――。

ほどなくして、大阪偕星学園キムチ部に漬物グランプリ・1次審査通過の知らせが届いた。

はたして、どれぐらいの応募があったのか、自分たちが出品した「×キムチ」は、応募作品中、どの程度のレベルだったのかは何もわからなかった。

全日本漬物協同組合連合会（全漬連）の真野康彦が言う。

「初めてとなる《学生の部》ということで、私たちもどの程度の応募があるのかは未知数でした。実際のところは告知が徹底していなかったこともあって、26団体の応募となりました。学校の部活動として応募されたのは大阪偕星学園キムチ部だけでした」

部員たちが手応えを感じていた通り、キムチ部は確かに1次選考を通過した。続く2次審査は「決勝審査」と銘打たれ、「書類&実食審査」が行われる。今度は、部員たちが実際に作った「×キムチ」を、クール便で事務局に届けることになっていた。

1次審査用の応募書類を送ってからも、さらなる味の改良に努めた。こうして、さらにブラッシュアップした「×キムチ」で本選に臨む。部員たちは高揚していた。

しかし――。

ここでキムチ部員たちは痛恨のミスを犯してしまう。副部長の楊颯太が振り返る。

「事務局必着の締め切り日から逆算して、発酵のタイミングを計算して『×キムチ』を作って発送の準備をしました。でも、片づけをしている途中に気がついたんです。唐辛子の配合を間違えてしまっていることに……」

楊の説明によれば、「本来、もっとも少なくするべき唐辛子Aをもっとも多くしてしまい、もっとも多くすべき唐辛子Bをもっとも少なくしてしまった」のだという。

「いちばん辛い唐辛子を大量に入れてしまったことで、大人の藤澤先生がむせてしまうくらい辛いキムチを作ってしまいました。それは後片づけをしていた僕だけが気がつきました。本来ならば減っているはずの唐辛子が、かなり余っていましたから。でも、実際に唐辛子の配合を担当した張本人は気づいていません。チームでやっていることですし、タイミングもタイミングでしたから追い詰めたくなかったんです。だから、この件については沖田先生、藤澤先生だけに内緒で伝えました」

楊は「作り直したい」と訴えたものの、現実的にはそんな時間はなかった。「このままではとんでもなく辛いキムチが完成する」という不安が楊を襲う。

「正直、〝これじゃあ、受かるはずがない……〟というのが、僕の本音でした。沖田先生からはめちゃくちゃ怒られるし、藤澤先生からは〝どうする？〟と何度も質問されるし、何も知らない栗川からは〝ちゃんと発送した？〟と何度もＬＩＮＥで確認されるし、超絶板挟み状態でした……」

このときの顛末《てんまつ》を副顧問の藤澤俊郎が述懐する。

「はい、出品作品のレシピを間違えていたのは事実です。〝グランプリを目指す志のある人ならば、絶対にこんなミスなんてしない〟と、楊が沖田先生に叱られていました。でも、僕自身は、〝これで、ますますグランプリが近づいたんじゃないのかな？〟という思いも内心ではありました。確かに、本来のレシピとは違っていたかもしれないけれど、それは決定的な失策ではないし、辛味が増したことでむしろ、より本格キムチらしく美味《おい》しく感じてもらえるかもしれない。そんな思いもあったからです」

このとき藤澤は、楊に「甲子園決勝戦」の例え話をしたという。

「甲子園の決勝戦、チャンスの場面で三振をしたとします。でも、試合はまだ続いている。ならば、その結果を踏まえて次の打席で挽回《ばんかい》すればいい。僕はそう考えていました。唐辛子の配合ミスは、必ずしも致命的なミスではないと思ったからです。なんだったらグランプリ獲得後に、壇上でこのエピソードを披露するのもいいじゃないかって。あの三振があったから、次の打席でホームランが打てましたって……」

楊は不安しかなかった。一方の藤澤は、「むしろこれはグランプリへのフラグが立ったのではないか？」という思いもあった。

不安な思いを抱いたまま、宅配便営業所で手続きをしたのが楊だった。

「鶴橋のコリアタウン近くのヤマト運輸の営業所まで、僕が行きました。で、ヤマトのおっちゃんに、〝部下のミスをかばうのも大変っすね……〟とこぼすと、そのおじさんに〝高校生やのに偉いね〟って言われた記憶があります（苦笑）」

実情を知る楊は、生きた心地がしないまましばらくの間、悶々《もんもん》と過ごすことになった。

ついに大阪偕星学園キムチ部がテレビデビュー！

漬物グランプリで大わらわだった頃、ついにＭＢＳ『よんチャンＴＶ』において、山本美紗子が担当した「キムチ部特集」がオンエアされることになった。11分の特集は《高校『キムチ部』が本気で挑む「全国漬物グランプリ」》と題された。ＭＢＳの公式ＹｏｕＴｕｂｅチャンネルにはこんな説明文が並んでいる。

おそらく日本でここだけ？　大阪市生野区の大阪偕星学園高校にある『キムチ部』。部員は10人、活動は週に3日で、文化祭に出店するなどいろいろな活動をしています。そして創部から1年足らずで、漬物の創作レシピで競う「全国漬物グランプリ」に挑戦。部員たちの奮闘を取材しました。

およそ3カ月間、キムチ部に密着した山本が振り返る。

「取材を開始した時点から、番組内の特集コーナーで扱うことは決まっていました。ただ、それがいつの放送になるのかは取材をしてから判断することになりました。実際に取材をしてみると、いろいろ面白い画も撮れたし、物語としての要素も多かったので、当初から〝面白くなりそうだな〟という予感はありました。で、ようやく漬物グランプリ出品作品も決まったということで、1次審査の書類を提出する場面をラストシーンにして、3月14日のオンエアが決まりました」

当然、反響も大きかった。クラスメイトからは「緊張してたな〜」とからかわれ、LINEにも多くのメッセージが届いた。テレビカメラの前では、堂々とインタビューに答える栗川大輝部長の姿があった。

「普通の高校生がテレビに出ることなんて、ほとんどないことやからやっぱり緊張はします。でも、多くの人に見てもらって、キムチ部のことを知ってもらえるのは嬉《うれ》しいし、自分たちにしかできひんことやと思うから、すごく楽しかったです」

栗川に次いで、2代目部長に就任することになる松本綾華も続く。

「友だちからも、〝見たよ〟とか、〝頑張ってるね〟って言われました。テレビの反響はとても大きかったです。取材が始まった頃は質問されている意味がわからなくて、頭が真っ白になっていたんですけど、やっぱり何度も取材を受けていると、〝こういう場面はこうすればいいんだ〟とか、〝こんな質問にはこう答えればいいんだ〟というのがだんだんわかってきました。それは私だけじゃなくて、他のみんなもそうだったと思います」

翌15日には、NHKの『ほっと関西』でもキムチ部が取り上げられた。

また、14日にMBSで放送された特集が22日にはTBS『ひるおび』で再放送されることも決まり、期せずして大阪偕星学園キムチ部は全国デビューを飾った。

キムチ部の存在が、前年の野球部の不祥事禍に揺れていた大阪偕星学園に明るい光をもたらすことになった。山本が制作した「キムチ部特集」は視聴者にも好評で、何よりも上司をはじめとする局内スタッフからの評価も高かった。太田尚樹専務理事が目論《もくろ》んだ通り、「キムチ部」というパワーワードのインパクトは絶大であり、同時に栗川や楊をはじめとするキムチ部員たちのピュアな情熱は、多くの人々の感情を揺さぶったのだ。

22年4月に正式に誕生したキムチ部は、創部からわずか1年にして、すでに大きな成果を挙げていた。


そして、23年度が始まる。

3年生になった栗川と楊は受験勉強に専念するために一線を退き、妊娠中の沖田仁美は、ひとまず顧問を辞して7月いっぱいで産休に入ることとなった。後任には牧井美帆が就き、藤澤俊郎は前年に続いて副顧問となることが決まった。

同時に、新たに「令和5年度活動目標」も策定した。

【年間目標】

主体的に自分たちで行動し、偕星キムチ販売実現に向けてキムチ部の活性化を図る

2年目の目標は、より具体的に「偕星キムチ販売」にターゲットを定めた。

さらに、「行動面」では「部活を通して、年代を超えて他者と物事を解決していく力をつける」、「技術・衛生面」では「偕星キムチ販売に向けて、新たなキムチ開発へ取り組む」、「広報活動」では「学校広報活動の一環となるよう他の高校にはない魅力的な部活があることを広める」など、具体的な目標、そしてそのための取り組み方法を一覧にした。

特に注目したいのが、詳細に規定されている「取り組み方法」だ。一部を抜粋する。

・実践→振り返り→改善を行い、作りっぱなしにならないようにするために活動記録を取る
・畑での旬野菜栽培
・キムチを「漬ける」だけではなく「販売」を念頭に置いて去年より実力アップを図る
・お揃《そろ》いのエプロンを必ず着用、食堂使用管理チェック表徹底

前年と比較すると、さらに具体的に「次なる1年」への目標が定まり、キムチ部のさらなる躍進が期待される内容となっている。その核となるのが、「偕星キムチ販売」だ。キムチ部に関わる者たちの鼻息は荒い。まだまだ勢いを止めるつもりはなかった。

SBS・朝のニュースで取り上げられて、韓国でも話題に

待ちに待った通知が来た。

ついに、漬物グランプリ2次予選通過が決まった。この時点ですでに金賞以上獲得は確定した。審査委員特別賞、準グランプリ、そしてグランプリは4月29日に東京ビッグサイトで行われる表彰式で発表されることになっていた。

自信はあったが、実際に連絡が来るまでドキドキしていた部員たちはひとまずホッと胸をなでおろした。特に、唐辛子の配合を間違えていたことを気に病んでいた楊は「まずは助かった……」と安堵《あんど》していた。

全漬連の大会チラシにはこう書かれている。

※2次審査通過者は2023年4月29日に東京ビッグサイトで開催される決勝審査に参加していただきます。

もちろん、参加者の交通費は全漬連が負担することになっており、太田尚樹専務理事、顧問の牧井美帆、栗川大輝、楊颯太の東京行きが決まった。

この頃、まったく予期せぬでき事が起こっていた。

4月7日、韓国のテレビ局・SBSの朝のニュースでキムチ部が取り上げられた。時間にしてわずか1分程度ではあったが、公式インスタグラムの写真を引用しつつ、キムチ部の活動について言及したのだ。

しかも、キャスターは「今日の明るいニュース」と言い、「韓国にもないクラブが日本にあった」と好意的に紹介している。この件について、当事者である大阪偕星学園キムチ部には何も連絡は入っていなかったため、関係者一同、海の向こうで何が起こっているのかはまったく理解していなかった。栗川が言う。

「なぜだかわからないんですけど、いきなりキムチ部のインスタに韓国からのフォロワーがすごく増えて、ハングルのコメントがついたり、韓国語のDMが届いたり、突然バズったんです。何が書いてあるかまったくわからなかったけど、翻訳機能を使ってみると、〝面白い!〟とか〝頑張って!〟というものばかりでした。どうやら、韓国のインフルエンサーがキムチ部のことを紹介したようでした」

栗川をはじめとするキムチ部員たちは気づいていなかったけれど、実際のところは韓国の民放局であるＳＢＳの朝のニュースで紹介されたことによる「バズり」だった。

韓国人視聴者からの反響は大きかった。

・最近、キムチ好きの日本人が増えて嬉しい
・日韓の若い世代が互いの食文化に触れるのはいいこと
・かわいい生徒たち。職人精神を持つ国らしいね
・日本人は1つの分野に没頭し、分析するのが得意。だから職人や老舗が多いんだ
・韓国にもこういう若者が増えれば、キムチ産業がもっと発展するのに
・韓国もキムチ関連のお祭りやイベントをもっとやっていくべき

そのほとんどが好意的なものばかりで、自国の食文化を象徴するキムチに関心を持ち、熱心に取り組んでいる日本の高校生たちへの賛辞にあふれていた。

そして、この日からキムチ部のインスタには韓国人と思われる人々からの書き込みが急増することとなる。始業式があった４月10日付のキムチ部公式インスタグラムには、次のように記されている。

それと、この週末でキムチ部のフォロワーさんが何倍も増えてびっくり！何が起こったのか、把握出来てませんが、沢山のフォローや温かい応援のメッセージ、ありがとうございます♪これからも部員共々美味しいキムチ作りを楽しみながら頑張ります！

日本国内ではワイドショー効果によって、徐々に認知度が高まりつつあった。その一方で、本場韓国でもSBS効果によって、日韓友好のシンボルとなりつつあった。SBSのキャスターが口にしていたように、本場韓国にも存在しない世界唯一のキムチ部の影響力は、当事者たちが考えているよりも、はるかに大きな力を宿していたのである。

キムチ部創部のコンセプトの一つであり、「×キムチ」のエントリーシートにも明記した「日本と韓国の懸け橋になる」という理想が、早くも実現しようとしていた。

そして迎えた、歓喜の瞬間――

ついに、4月29日を迎えた。

ゴールデンウイークでにぎわう大阪を出発し、キムチ部の面々は東京ビッグサイトに到着した。新設されたばかりの「学生の部」では8作品が金賞を獲得していた。その内訳は、中学校1組、高校5組、大学2組となっていたが、大阪偕星学園だけが部活動としての受賞で、残りは個人、または友人同士のユニットでのものだった。

もちろん、常に「謎の自信」を誇っている栗川は、若干の緊張感を漂わせつつも、「あれだけ美味しいキムチが完成したんだから、ここまでは想定内。もちろん、グランプリも余裕っしょ」という思いで会場入りしていた。

会場にはＴＢＳ『ひるおび』スタッフが待機し、「キムチ部のグランプリ獲得」の瞬間を撮影しようと意気込んでいた。一方、ＭＢＳの山本美紗子は口惜しい思いを抱いたまま大阪で待機していた。

「表彰式の取材はＴＢＳさんにお任せすることになりました。ずっと一緒に取材をしていたカメラマンとも、〝東京に行きたかったよね〟って話していましたけど、こればかりは会社の指示ですからしょうがないですよね……」

東京で行われる表彰式は、系列キー局であるＴＢＳが担当することになった。前年冬から何度も大阪偕星学園を訪れ、キムチ部員たちとも少しずつ気心知れた仲になりつつあっただけに、「その瞬間」を自分の目で見届けたいという思いは誰よりも強かった。

これまで撮影した素材をＴＢＳに提供する代わりに、この日の取材映像をＭＢＳも借り受けることができる。系列局ならではの連係プレーではあったが、どうしても「自分の手で撮影したかった」という思いは拭い去れなかった。

４月に顧問に就任したばかりの牧井美帆はとまどいを隠せなかった。

「沖田先生が産休に入られるということで、〝キムチ部の顧問になってほしい〟と言われたのが3月のことでした。それまで、漬物グランプリに出品していることも知らなかったけど、〝もしも入選したら、東京に行くことになるかもしれない〟ということは事前に聞かされていました。そして、実際に東京に行くことになって、ビッグサイトに着いたら、すでにテレビ局の人が待ち構えていて……。生徒たちはきちんと受け答えをしていたけど、私としてはとにかく圧倒されっ放しでこの日は過ごしていました」

会場に到着してすぐに牧井は「今、会場に着きました」とLINEを送った。もちろん、送信相手は大阪で待機している前顧問の沖田である。

学生の部の表彰は13時から行われる。

審査委員は作家・原田ひ香、東京家政大学大学院で発酵学を研究している宮尾茂雄教授の他、経営者やメディア編集長など、7名が当たっていた。

まずは金賞受賞5組の名前が読み上げられた。この時点で「大阪偕星学園キムチ部」の名前はない。最後まで名前が挙がらなければ悲願のグランプリ獲得となる。

残す枠はあと3つ。

続く「審査委員特別賞」は、別府大学食物栄養科学部発酵食品学科2年の永野衣祝《いのり》による「パリポリくろちゃん」が受賞した。

残す枠はあと2つ。準グランプリとグランプリだけだ。

表彰式が始まる前に「絶対、グランプリっしょ」と余裕を見せていた栗川大輝が息を呑《の》む。後ろで見守っている太田尚樹専務理事、牧井美帆教諭、２人に笑顔を向けてアイコンタクトを送る。携帯電話で動画撮影をしていた太田が、それに応える。

発表は続く。

「準グランプリは、山口大学教育学部附属光中学校・宗正彩水さん……」

栗川の丸眼鏡の奥が一気に和らいだ。楊も興奮を隠せない。

「ちょっと、待って、待って、待って……」

そして、改めてその名が読み上げられた。

「漬物グランプリ２０２３学生の部、グランプリは……、大阪偕星学園高等学校、代表栗川大輝さんの『×キムチ』です。おめでとうございます！」

この瞬間、大阪偕星学園キムチ部のグランプリ獲得が決まった。太田と牧井から白い歯がこぼれる。栗川はすばやくマスクを外して表彰台に向かう準備をしている。会場の片隅で見守っていた高麗食品・黄成守も感激していた。

（あぁ、本当にグランプリを獲《と》ったんだなぁ……）

創部からわずか1年余り、大阪偕星学園キムチ部は有言実行で、漬物グランプリでトップに輝いたのだ。会場の牧井はすぐに「やりました、グランプリ獲得！」のＬＩＮＥを送る。

もちろん、相手は大阪で待つ沖田に向けてのものだった。

満場一致で、悲願のグランプリ獲得！

創部から関わり、初代部員である栗川、楊とともにキムチ部の礎を築いた沖田は安堵していた。部員たちの奮闘を目の当たりにしていたからこそ、「あれだけ頑張ったのだから大丈夫だろう」と思いつつ、最後の最後になってレシピを間違えてしまったことが気がかりだった。それでも、部員たちは見事に初めての挑戦でグランプリを獲得した。

改めて、大願を成就させた要因について、沖田に尋ねた。

「最初に目標設定をしたことが大きかったのかなって……」

創部からの激動の日々を振り返るようにひと言、ひと言嚙《か》み締《し》めるように続けた。

「……やっぱり、最初に《漬物グランプリを獲る！》と決めてしまった以上、途中でそこから降りるわけにはいかないじゃないですか。もう後戻りはできないし、絶対に優勝するしかないわけですから。それがまず前提としてあって、そこに栗川の前向きさが加わったのが大きかったのかな？　正直、〝もうええやん〟って投げやりになるときも、私にはあったんですけど、栗川は優勝する気満々でした。楊もそうですけど、生徒たちがまったくブレなかった。最初に目標を設定して、それが少しずついろいろ叶《かな》っていくことで自信を持ち始めた。それがとても大きかったと思います」

中学時代に鬱屈した日々を過ごしつつ、それでも「オレは必ず上に行くんだ」という「謎の自信」を持ち続けていた。それは「根拠のない自信」だったが、高校に入り、「自分を変えよう」という思いで突き進んだ結果、少しずつそこに根拠が生まれていった。

栗川が兼ね備えていた「夢を見る力」が少しずつ幸運を引き寄せていた。

「栗川は私に敬語を使わず、《沖ティー》と呼びます。《沖田ティーチャー》の略です。最初は〝敬語を使えよ！〟って怒っていたんですけど、それでもずっと《沖ティー》と呼んでくるので、すぐに〝まぁ、ええか〟って（笑）。本来の私は、敬語を使わない生徒を叱るタイプなんです。それが、〝まぁ、ええか〟って思えたのは、それがキムチ部の雰囲気というのか、自分でもなぜか腑《ふ》に落ちる部分があったからです。いい意味でゆるゆるしていて穏やかなんです。でも、キムチを作るときにはめっちゃ真剣になれるんです」

そして、沖田は、こうつけ加えた。

「そんな雰囲気がめちゃめちゃ心地よかったんちゃうかな、私も……」

同じく、大阪で吉報を待っていたのが副顧問の藤澤俊郎だ。５日前に父を亡くし、心身ともに消耗状態にあったが、その間もキムチ部員たちのことは常に気にかけていた。

唐辛子の配合を間違えて出品してしまったけれど、「それでも絶対大丈夫だろう」と確信していた。「大豆ミートの加熱はアリか、ナシか？」という問題についても、「それは些末《さまつ》な問題に過ぎない」と感じていた。

「当初考えていたものと違ってしまったかもしれないけれど、辛いキムチもそれはそれでアリだと思っていました。大豆ミートの加熱についても、それが明らかな不正や犯罪だったら問題ですよ。でも、これはそんなレベルの話ではないし、全漬連さんを貶《おとし》めるものでもない。仮に何か問題があったとしても、新しい問題提起として意味があると思っていました。もしも怒られたら、〝まだ時代が追いついていないだけだ〟と思っていました」

そして、自信たっぷりにつけ加えた。

「僕としては、『×キムチ』には絶対の自信を持っていました。それは味に自信があったからではありません。発想に自信があったからです。大豆ミートを使うことは僕のアイディアではないけど、すばらしい発想だと思っていました。ギリギリのところを攻めるから、必ず受かる。そんな自信でした」

ギリギリのところを攻める――。

それはまさに、藤澤の胸の内に宿るプログレスピリッツだった。藤澤の確信は現実となった。その言葉を裏づけるように、全漬連・真野康彦が「×キムチ」について解説する。

「正直に言って、キムチそのものの味だけで、従来のものとまったく違う新しいものを生み出すことは難しいし、『×キムチ』も、従来のキムチと比較して、必ずしも突出した風味だったというわけではありません。けれども、高麗食品の黄さんの元に行って積極的にアドバイスを求める熱意だったり、地元・コリアタウンの方々との交流があったり、高校生らしくどんどん食らいついていく姿勢もすごくよかった。ＳＤＧｓが叫ばれる昨今、大豆ミートを使うというアイディア、コンセプトもいい。応募書類に書かれたＰＲシートも、ものすごく完成度の高いものでした」

真野によれば、審査委員の間でも大阪偕星学園キムチ部は絶賛の嵐だったという。何よりも「キムチ部」というコンセプトに評価が集まった。真野は続ける。

「当日、副部長の彼が〝最初は僕ら２人だけでスタートしました〟と語っていました。自分たちが初代としてキムチ部を作って漬物グランプリに出品する。そういう熱意はやっぱり、こちらにも伝わりますからね」

まさに、太田専務理事の目論見はズバリと当たったのである。

「立ち上げたときには、〝これはみんなを動かすストーリーになる！〟とは感じていたけれど、〝まさか、ここまでとは……〟というのが正直な思いでした」

ちなみに、惜しくもグランプリを逃した両作品は、ともに趣向を凝らしたオリジナリティあふれるものだった。

審査委員特別賞となった「パリポリくろちゃん」は、地元・大分県特産にこだわり、「くろめ」と呼ばれる海藻を中心に、きゅうり、ニンジン、大根、みかんにかぼすの果汁を混ぜたものので、サッパリとした風味であること、若い人でも抵抗なく食べられることが高い評価を受けた。一方、準グランプリ作となった「かわイイネ！」は、普段は捨てられてしまう大根やニンジンの皮を漬物にして、そこに瀬戸内沿岸のゆずの搾り汁を垂らし、それを水引のように結んで、かわいくアレンジした習作だった。

大会前、全漬連は「少しでも若い人に漬物の魅力をアピールしたい」という思いを込めて、「学生の部」を新設したということは第五章で述べた。そしてその効果は、当初想定していたよりも、はるかに大きかった。

「これまでは《法人の部》《個人の部》だけで開催していましたが、どうしても業界関係者内で話題になるだけで、一般マスコミで評判になることはあまりありませんでした。ところが、今回初めて《学生の部》を作ったことで、大阪偕星学園キムチ部の話題は大きく取り上げられることになりました。キムチ部だけでなく、準グランプリの『かわイイネ！』は山口で、そして審査委員特別賞の『パリポリくろちゃん』は別府で、それぞれ地元メディアから、〝写真はありませんか？〟と連絡がありました。こんなことは初めてでした」

初めての試みではあったが、「学生の部」の創設は、想定以上の成果をもたらし、多くの耳目を集めることに成功したのだった。

2代目部長・松本綾華誕生

グランプリ獲得から数日後、各メディアで大阪偕星学園キムチ部の偉業が報じられた。5月1日には、朝日新聞において大きく取り上げられ、2日には『ひるおび』（TBS）、『よんチャンTV』（MBS）で、相次いでオンエアされた。

「現地にいたTBSの方からだったのか、それとも太田専務理事からだったのか、記憶は曖昧なんですけど、グランプリ獲得後すぐに連絡をいただきました。最初の感想は、〝ええ、マジかー！〟で、次の感想は〝あぁ、東京に行きたかった！〟でした」

グランプリ獲得を知った際の感慨について、MBSの山本は振り返る。

「はじめは、〝何か面白い活動をしているかわいい子どもたち〟という思いから始まったのに、わずか数カ月でいきなりグランプリを獲得することになりました。いきなり、みんながちょっと遠い世界の人になっていくようで、少しだけ寂しかったです（笑）」

一方、キムチ部公式インスタグラムではゴールデンウイーク明けの8日付でグランプリ獲得について言及している。

ゴールデンウイーク中でしたが、土曜日に授業参観がありました、そのあとに漬物グランプリ優勝を部員に報告しました。一同喜んでいました。

優勝の記念に、優勝のトロフィーとエプロンを部員の人数分いただきました、ありがとうございます。

その際に、新年度の部長と副部長の発表も行い、新たなキムチ部にバトンタッチ、これからも頑張って行きます。

結成から一年で優勝という前人未到なことをできたのも、皆さんの応援のお陰です。これからもキムチ部にご支援ご鞭撻《べんたつ》のほど宜《よろ》しくお願い致します。

そして、最後にこんなフレーズで力強く締めくくる。

日本〝初〟のキムチ部は躍進を止めません!!!

ここに記されているように、ここから創部2年目の新体制が正式に発足する。新2年生の松本が部長に、そして石田圭成、柳原洸樹《やなぎはらこうき》が副部長となることが決まった。

前部長の栗川が、新体制について解説する。

「新しい部長を誰にしたらいいのかということは、楊君と相談して決めました。自分の経験からも、特進コースの人間はなかなか時間が取れないので部長にはふさわしくないって感じていました。自分もそうやったんですけど、部長は取材を受けることも多いから、何か聞かれても明るくパッと返答できる人をと考えたら、〝やっぱり（松本）綾華がいいのかな？〟ということになりました。実際、部長になってから、彼女なりに責任感が芽生えたんやと思うけど、部活動への参加意欲もすごく高まってきていると思いますね」

　前副部長の楊が続く。

「彼女が1年生だった頃、最初の取材のときにカメラの前で2分間ぐらい何も言えなくてフリーズしたこともあったけど、1年ですっかり明るくしゃべれるようになっていたから、彼女が部長でもいいのかなって考えました」

　まったく予期せぬ部長指名にとまどっていたのが当の本人だった。

「みんなで集まって、机に顔を伏せたままで肩を叩《たた》かれた人が部長になる。そんな感じだったんですけど、まさか自分の肩が叩かれるとは思っていませんでした。きっと、特進の人は忙しすぎるから、私になっただけやと思いますけど（笑）」

　栗川や楊が語っていた指名理由を告げると、松本は「えっ」と驚きの声を上げた。

「えっ、初めて知りました（笑）。でも私、リーダーってホント苦手で、向いてないんですよ。キムチ部に入ったときも、まったく何していいかわからなくて、ずっと沖田先生の指示に従っていただけですから。時間がたって、ようやく自分から動けるようになってきたけど、だからと言って、1年生に上手に指示を出せるかというと、それはまた別問題だし……」

先代部長は「夢を見る力」にあふれていた。2代目部長は、どんな部活動を目指すのか？

「私は栗川のようにはなれないから、自分のやり方をするしかないですけど、めちゃプレッシャーですよ。1年目でいきなりグランプリを獲得したわけですから。今はまだ、どうやって進めていこうか手探り状態ですけど、できるようになるまで何度でも丁寧に教えるということはやっていきたいですね」

3年生の栗川のことを、2年生の松本は「栗川」と呼び捨てにした。本人を前にしても、「栗川！」と呼んでいる理由を尋ねると、彼女は言葉に詰まった。

「えっ……。何ででしょうね？　気づいたら、〝栗川っ！〟て呼んでいました。理由を挙げるとすれば、〝栗川は栗川だから〟としか言えないです（笑）。楊君は〝楊君〟なのに何でやろ（笑）」

この距離の近さこそ、キムチ部の特徴であり、後輩に呼び捨てにさせてしまう、威圧感のなさ、距離感のなさこそ、栗川の魅力なのかもしれない。

大阪偕星学園キムチ部監修「×キムチ」販売決定！

23年初夏――。

ようやく、漬物グランプリ受賞の興奮が落ち着いた。栗川や楊ら3年生が大学進学に向けて受験勉強に励み、松本や石田ら2年生を中心に偕星キムチ販売に向け、日々の活動に励んでいた頃、「そのニュース」がキムチ部にもたらされた。

部員たちが苦心の末に作り上げた「×キムチ」の商品化が決まったのである。販売元は、開発に尽力した黄成守が工場長を務める高麗食品だ。漬物グランプリの応募規定に「商品化が実現可能な『漬物レシピ』」と書かれていたように、縁のある高麗食品のサポートによって、ついに市販されることが決まったのである。

キムチ部創部に当たって、栗川が立案した「活動計画」を改めて引用したい。

2023年4月……漬物グランプリ獲得
4月……「偕星キムチ」商品化

まさに、計画通りのタイミングで漬物グランプリを獲得し、その直後に「×キムチ」の商品化が決まった。「まぁ、余裕っしょ」と栗川がイメージしていたことが、本当に現実のものとなったのだ。あっけにとられたように栗川は笑う。

「ホンマにこんなにすぐに商品化されるとは、さすがに思っていませんでした（笑）。でも、『×キムチ』には自信があったし、黄さんの協力もあって、本当に商品化が決まったときには、

〝絶対に売れるやろ〟って思いました」

発言だけ聞いていると、自信満々で大言壮語を吐いている怖いもの知らずの若者のように思えるものの、栗川の持つ独特の柔らかみや温かさによって、決して生意気さや嫌味《いやみ》を感じさせないのが不思議だ。高麗食品・黄が商品化の経緯を振り返る。

「当初から、〝グランプリを獲得したらうちで商品化しましょうか？〟というのは冗談で話していたんです。で、実際にグランプリを獲ったときにテレビ局の人に、〝商品化しますか？〟と聞かれたんですけど、そのときは〝僕はしたいんやけど、会社が……〟という中途半端な受け答えをしてしまったんです……」

大阪に戻り、社内で企画会議を行ったものの「はたして本当に売れるのか？」という現実問題が生じていた。ちょうど、そんな頃のことだった。

「漬物グランプリの様子がテレビで放送されて、たまたまそれを見ていたイトーヨーカドーのバイヤーの方から〝商品化するかも？　って言っていたけど、もし本当にするのならうちで売らせてね〟ってお声をかけてもらったんです。売ってもらえるのなら、うちとしてもぜひやりたい。そこから、とんとん拍子に商品化が進んでいきました」

もちろん、自社直営店もある。ネット通販も行っている。しかし、当然それだけでは不十分だ。しかし、イトーヨーカドーという大スーパーが販売面でのバックアップをしてくれるとなれば、商品化の障壁は取り払われたも同然だった。

発売前から「×キムチ」には、他のキムチにないストロングポイントがあった。

・世界唯一の「キムチ部」監修であること
・漬物グランプリ、学生の部初代グランプリ作品であること
・TBS『ひるおび』、MBS『よんチャンTV』で放送されたこと

これだけの好材料がそろっていれば、話はスムーズだ。

「キムチの競争は激しいですから、新商品を作ってもなかなか売り場の棚に割り込めないんですけど、『×キムチ』にはたくさんの強みがあったので、それ以降もとてもスムーズに進んでいきました。うちは長男が社長で、次男が営業担当で、三男の僕が工場担当の小さな会社ですから、商品化決定後も一気に進めていきました」

8月26日、顧問の牧井美帆、藤澤俊郎に引率されて、キムチ部員たちは大阪市平野区の高麗食品を訪れていた。この日、「×キムチ」の試作品が完成し、部員たちを招いての試食会、意見交換会が行われた。そこには、MBS・山本美紗子らテレビクルーも密着取材を行っていた。

ヘアキャップをかぶり、マスクと手袋、さらに長靴を履いて、黄の案内で工場内をゆっくりと見学していく。約30種類のキムチが一日10トン規模で製造されているという。

はじめに案内された「惣菜《そうざい》部屋」では、「×キムチ」の肝となる大豆ミートの味つけが行わ

れていた。大豆ミートに絡める濃い口しょうゆ、料理酒、ゴマ油、合わせだし、さらに秘伝の焼き肉のタレが、大きな樽《たる》にドボドボと注がれ混ぜ合わされていく。

そこに、唐辛子、にんにく、しょうがなどが入り、辺りは強烈なにんにくの香ばしさで充満されると同時に、食欲をそそる何とも言えない匂いに包まれる。

「こうして大豆の臭みを消していきます。それと同時に、どんどん下味を入れて大豆の外にまとわりつかせるんです」

黄工場長の説明を、キムチ部員たちは真剣に聞いている。こうして下味を完成させた後に、大豆ミートと白菜キムチを混ぜ合わせていく。自分たちが考案した作品が、プロの手によって商品となっていく過程を目の当たりにすることに誰もが興奮を隠せない。

ひと通りの工程が終了すると、工場に隣接した事務所の一角でキムチ部員たちによる試食会が行われた。真っ先に口に含んだ栗川が叫んだ。

「うまい！」

続くように、他の部員たちも「美味しぃ！」「ご飯がほしい」と口にする。商品化の中心人物である黄が部員たちに感謝の言葉を述べる。

「今までこんなに肉の食感がある、肉々しいキムチはありませんでした。みんなのおかげですごく斬新なキムチが完成しました。僕たちだけの力ではこんな商品は作れませんでした。こういうきっかけをもらえたことにすごく感謝しています」

そして、しみじみと続けた。

「僕は、みんなが羨《うらや》ましい。純粋にキムチのことだけを考えて、自分たちの作りたいもの、食べたいものをいろいろ試すことができます。僕たちはキムチ作りが仕事なので、どうしても〝売れるのかどうか？〟とか、〝純利益はどれくらいなのか？〟とか、いろいろなことを考えながらキムチ作りをしています。どうか、これからもキムチ作りを楽しんで、そしてキムチを愛してください」

キムチのプロフェッショナルから、「偉大なアマチュア」への心からのエールだった。栗川も楊も、神妙な表情で静かにうなずいている。黄の言葉はキムチ部員たちの心を強く揺さぶった。それは、キムチ部が作った「×キムチ」が生み出した、プロと高校生の濃密な交流となった。

「×キムチ」は、ついに商品化されることになったのだ——。

第八章

人生を変えた、青春のキムチ部

――それぞれの成長

イトーヨーカドー店頭での実演販売

2023（令和5）年9月2日、大阪府堺市《さかいし》――。

大阪偕星学園キムチ部の面々はイトーヨーカドー津久野店に集まっていた。この前日に「×キムチ」が一般発売されていたが、部員たちはまだ完成品を見ておらず、この日が彼らにとってのお披露目会であり、同時に実演即売会でもあった。

スーパーのバックヤードで待機していると、真っ赤なベールに包まれたケースを大事そうに抱えたスタッフを従えて渡辺剛史マネージャーが登場した。

「商品登場します、拍手でお願いいたします！」

その瞬間、部員たちの表情が明るくなる。松本綾華部長が一気にベールをはぎ取った。そこには、完成したばかりの「×キムチ」が山積みされていた。

「おーっ！」

商品ラベルには大豆ミートキムチの写真とともに次の文言が躍る。

大阪偕星学園高等学校キムチ部監修
×キムチ

漬物グランプリ2023　学生の部グランプリ受賞

心なしか、部員たちの表情も誇らしく見える。すぐにそれぞれ手に取って、上から見たり、横から見たり、あるいは底からのぞき込んでみたり、矯《た》めつ眇《すが》めつする。ラベル側面にはグランプリ獲得後に撮影されたみんなの記念写真がプリントされていた。

「あっ、私たちの写真！」

松本の言葉を受けて、栗川大輝前部長、楊颯太前副部長の白い歯がこぼれる。この日の実演販売に向けて、200個もの「×キムチ」が準備されていた。高麗食品・黄成守によれば、「スーパーでは1日2～3個売れれば上でき」とのことだから、200個とはかなり強気の勝負に出た仕入れ実数となった。

「200個全部、完売させます！」

栗川の「謎の自信」を受けて、おそろいのエプロンに身を包んだ部員たちの表情が引き締まる。その姿をMBS『よんチャンTV』のスタッフがカメラで追っている。もちろん、現場を指揮するのは、東京ビッグサイトで行われた漬物グランプリ会場を訪れることができず悔しい思いをした山本美紗子だ。「×キムチ」商品化決定を受けて、9月19日の同番組内での続報放送が決まったのだ。

かつて、顧問の沖田仁美の指示がなければ何も動けなかったキムチ部員たちの姿は、そこにはなかった。創部からおよそ1年半のときを経て、栗川も、楊も、もちろん2年生、1年生たちも、堂々と「×キムチ」の販売に汗を流していた。

「僕たちが作ったキムチです。ご飯にかけて美味《おい》しい、大豆ミートのキムチです！」

テレビカメラによる人だかりが、新たな人だかりを生む。部員たちが差し出す試食に手を伸ばし、「×キムチ」を手に取る人が一人、また一人……。

「ありがとうございます！」

自分たちの手になるキムチが、目の前で飛ぶように売れていく快感は格別で、身内ばかりが集まる文化祭での販売以上に得も言われぬものだった。

結局、この日は1時間で40個の売り上げを記録した。仕入れたのは200個だった。わずか1時間で全体の20パーセントも販売したが、もちろん栗川は満足していない。

「実際に自分たちで売ってみて、200個というのはエグい数なんだと実感しました（苦笑）。だけど、もっと売る時間があれば100個、200個も可能だったと思います。実際に試食のときも、〝美味しいね〟って、初めて身内というか、関係者以外の人たちからの感想を聞かせてもらえたことは嬉《うれ》しかったたし、自信にもなりました」

予想以上の好評価を受けて、今後はイトーヨーカドーだけでなく、「スーパー玉出」、あるいは「万代」など、関西圏を中心に展開するスーパーマーケットでも、「×キムチ」の販売が視野に入っているという。

「味には絶対的な自信があるので、ここからもっともっと広がっていってほしいという気持ちはめちゃ強いです」（栗川）

まずは順調な滑り出しを記録したことで、関係者は一様に胸をなでおろしていた。

この日も現場に立ち会っていた高麗食品・黄は自らのブログにこう記した。

大阪偕星学園キムチ部とのコラボ商品
「×（かける）キムチ」を発売します

ご飯に良く合う味に仕上がっています♪
大豆ミートの食感が、まるでお肉の様な食感となっており、面白いキムチです。
食べる前に、ゴマ油をちょろっと垂らすと更に美味しさを引き立てますよ〜！
もちろん、ご飯以外にも豆腐や納豆にも良く合います。
ヘルシーな食事を摂《と》りたい方にはピッタリじゃないでしょうか♪

そして、少しだけキムチ部に対する羨望も吐露している。

漬物グランプリの時から密着取材されているMBSさんが今回も取材しています。僕らは全然メディアに取り上げられないのに、キムチ部の活動は直《す》ぐにメディアで紹介されます（笑）。

高麗食品・黄にとっての自信作であると同時に、キムチ部員たちにアドバイスを送っていたコリアタウンの人々にとっても、この快挙は喜ばしく、誇らしいことだった。

「ホンマにあっという間に短期間でいいキムチを作るようになったよね」

コリアタウンの宮本商店・宮本翼成は言う。

「まさか、いきなり漬物グランプリで優勝するとは思わへんかったですよ。あいつらはライバルやな。これからはもう、何も教えへん（笑）」

慶州商店・ティエンも部員たちの躍進に驚きを隠せない。

「いつの頃からか、彼らの作るキムチは彼らだけにしかできない味になっていました。このコリアタウンのどこにもないキムチ部だけの味です。これだけの短い期間で、それを作り上げたのは本当にすごいことだと思います」

キムチ作りのプロから見ても、「×キムチ」は高い完成度を誇っていたのだ。

高麗食品から発売された「×キムチ」。側面にはキムチ部の写真も使用されている

中学時代の恩師の前で見せた栗川の雄姿

漬物グランプリで優勝し、「×キムチ」の商品化も決まり、多くの人々に自分たちが作ったキムチを味わってもらうことにもなった。何もないところからスタートした大阪偕星学園キムチ部は短期間で、生徒たちに、そして学校に多くのものをもたらした。

太田尚樹専務理事のひらめきから始まった「大阪偕星学園キムチ部」という小さな波紋は、わずかの間に、多くの人々を巻き込んで、大きなうねりとなり、誰も予想していなかったムーブメントを生み出すことに成功した。太田の「夢を見る力」は、栗川の「夢を見る力」と呼応し、人々に新たな夢を提示した。

その結果、漬物グランプリ戴冠、そして「×キムチ」商品化という現実を生み出した。前代未聞の彼らの試みは、ここに一応の成果を見たのである。

しかし、大阪偕星学園キムチ部がもたらしたものは、「漬物グランプリ」だけでも、「×キムチ」だけでもない。決して、手に取ることも記録として残ることもない、「ある確かなもの」をもたらしたことを見逃してはならない。

23年夏、ここにキムチ部による一つの結実を見る。

それは、「×キムチ」発売数日前となる8月21日に行われた入試説明会でのでき事だった。この日、大阪市内を中心とした中学校の進路担当者を招き、説明会を行う予定となっていた。居並ぶ中学校関係者を前に、栗川大輝が登壇してスピーチを行うことが決まった。創部から間もなく、数々の偉業を成し遂げてきたキムチ部こそ、大阪偕星学園の自由な気風を示すシンボルであり、初代部長の栗川大輝こそ、まさに適任だった。

スピーチが決まった後、栗川はかつて自分が通った大阪市立白鷺中学校を訪れている。

「その前の週の金曜日……、だから8月18日のことだったたと思います」

切り出したのは、白鷺中学特別支援学級の笠井由美子だ。

「……この日、私も泉先生も夏休みで学校には出勤していなくて、自宅でテレワークだったんです。で、この日に栗ちゃんが学校にやってきて、別の先生宛てに〝入試説明会があるから来てください〟ってメッセージを残したんです」

久しぶりに中学校を訪れたものの、世話になった特別支援学級の笠井も、担任の泉和樹も出勤していなかった。「ぜひ入試説明会に来てほしい」と栗川がメッセージを残すと、笠井も、泉もともに「絶対に行こう！」と即断即決したという。

「21日の午前中は、あるグループの校外学習の予定が入っていたけど、入試説明会の行われる午後は何も予定がなかったので絶対に駆けつけることにしました」（笠井）

「僕は自宅でテレワークの日に設定していました。でも、栗ちゃんが〝来てほしい〟というこ

となので、そうであれば〝絶対に行こう〟ということで、すぐに出勤に変更して偕星学園に行くことにしました」（泉）

入試説明会においてスピーチをすることが決まったとき、どうして栗川はかつての学《まな》び舎《や》を訪れたのか？　どうして恩師にその姿を見てもらいたかったのか？

理由を問うと、栗川は少しだけはにかんで答えた。

「中学時代にいろいろお世話になった先生たちに、今の自分の姿を見てもらいたいと思ったからです……」

嚙《か》み締《し》めるように栗川は続ける。

「……今の自分があるのは、中学の頃に僕と関わってくれた笠井先生、泉先生のおかげだと思ったからです。絶対に先生に見てもらいたかったので、〝オレ、発表するから、絶対に一番前の席に座ってな〟ってお願いしました」

入試説明会当日の様子を尋ねると、笠井も、泉も、ともに堰《せき》を切ったようにあふれる思いが口をついて出てくる。

「緊張しているのは伝わってきました。でも、緊張はしているんだけど、どこか余裕を持ちながら話しているのもわかりました。《自己肯定感》という言葉がありますけれど、中学時代の栗ちゃんは、なかなか自分を肯定できない時期がありました。だけど、高校に入った栗ちゃんはすごく自分に自信を持っているのが伝わってきました」

笠井の言葉を受けて、泉も続く。

「中学の頃の栗ちゃんは、どちらかと言うといつもマイナスなことばかり言っていました。でも、あのとき、僕の目の前で話している栗ちゃんは、本当に自信に満ちあふれていて、〝高校に行ったら、ここまで変わるんやな〟って感じていました。その姿を見て、もう感動しかなかったです」

壇上でスピーチしている最中、栗川は聴衆席に座る両先生の「異変」に気づいていた。

「笠井先生も、泉先生も、僕が話し始めてすぐにここら辺がキラキラしていました……」

自らの目尻を指さしながら栗川は続ける。

「……それを見て、最初は〝めっちゃ泣いてるやん！〟ってちょっと笑っちゃったんですけど、内心では本当に嬉しかったです。自分の以前の姿を知っている人にとって、今のこの僕の姿は、こんなに人の気持ちに変化を与えるんだって知りました。僕のことを知らない人にとっては、〝へぇ、そうなんや〟で済む話だと思うんです。でも、中学時代の僕のことを知っている笠井先生にとって、泉先生にとっては、涙を流すほど嬉しいことなんだ。そう思うと、僕自身も本当に嬉しかったんです」

キムチ部がもたらした「師弟の絆《きずな》」

この日の栗川の雄姿を尋ねると、改めて笠井の瞳が潤んだ。

「私は、大概涙もろいところがあるんですけど、〝栗ちゃんが変わった！〟っていう嬉しさもあるし、〝こんなに立派になって……〟という思いが強かった気がします。これまでにも、卒業してから活躍している子はたくさんいてると思うんですけど、それを実際に自分が目の前で見ることは少ないですから、さらにグッとくるものがありました。ただ前に立っているだけで泣きそうでしたから。それはもう、《教師》というよりは、《お母さん》、いや、《おばあちゃん》に近い感情だったと思いますね（笑）」

続いて、泉にも「涙の理由」を尋ねる。

「やっぱり僕自身も、栗ちゃんが中学時代の3年間、いろいろ苦しんでいる姿を見てきたので……。何か〝やりたい〟という思いはあるのに、なかなかうまく実行できない。その葛藤の中で、もがき苦しんだ3年間だったと思うんです。それが、高校に進んでああやって花開いて……。栗ちゃんがアカンかったときに、ずっと寄り添って話を聞いてきたことを思い出しました。それが、直接的に効果があったのかはわからないけど、自分たちが一生懸命に取り組んできたことが間違いじゃなかったんだって、栗ちゃんが全部証明してくれたような気がして……。

本当にすごく感動したんです」

悩んでいたのは栗川だけではなかった。教師たちもまた、出口の見えない暗闇の中で「栗ちゃんが本来の姿を取り戻すためには、どうすればいいのだろう?」「正解は何だろう?」ともがき苦しんでいたのだ。

しかし、自分たちが取り組んできたことは決して間違いではなかった。それを目の前の栗川が実証してくれた。泉が続ける。

「きちんと記録しておきたかったから、僕はずっと、運動会に来たお母さんのように、栗ちゃんの立派な姿を動画で撮ったり、写真で撮ったりするのに必死でした(笑)。この日、たまたま前の学校にいたときの先生が進路指導担当としていらしていたんです。だから、〝彼、僕の生徒なんです。うちの卒業生なんです!〟って自慢すると、〝えっ、そうなん? すごくわかりやすかったよ〟って言ってくれました。栗ちゃんの話は、中学の先生方にとってもすんなりと耳に入ってくるものだったようです」

恩師たちのこうした言葉を受けて、栗川に問う。「あなたはどんな気持ちで壇上に立っていたのか?」、と。栗川は真っ直ぐ、前を見据えて口を開いた。

「参加者の方から、キムチ部に入る前と入った後の変化について質問されたとき、自分の中学時代のことをお話ししました。僕にとって、中学校時代でいちばん印象に残っている先生やし、このお2人がいなかったら、〝高校に行っても頑張ろう〟って思わんかったやろうし、ずっと学校にも行かれへんで、そのままやったかもしらんし……。そんな2人が見に来てくれて本当に嬉しかった。緊張していたけど、〝嬉しかった〟っていう気持ちでいっぱいでした。ホンマに感謝の思いしかないです……」

この言葉を受けて、笠井が言う。

「栗ちゃんが入学する前に、入試説明会が行われたあの日、〝栗川をよろしくお願いします〟と、偕星学園にごあいさつに伺いました。入試説明会が行われたあの日、私はそんなことを思い出していました。栗ちゃん自身の頑張りはもちろんなんですけど、偕星学園の先生方が温かく見守ってくれたことをすごく痛感しました。偕星学園の先生方に対する感謝の思いで胸がいっぱいになりました……」

栗川の立派な姿を見て、泉も感無量になる。

「僕らの仕事は、例えば営業職のように数字で結果が出る世界ではないので、今回の栗ちゃんのように、新しい世界で頑張っている姿を見ることがすごく励みになるんです。栗ちゃんと一緒に歩んできて、彼がこんなに立派になってくれたことで、これから栗ちゃんと同じように悩んでいる子どもに対して、同じように接していきたい。そんな気持ちになりました。今回、栗ちゃんが呼んでくれへんかったら、そんな気持ちになることもなかったと思います。だから、逆に僕の方から、〝栗ちゃんありがとう〟ってお礼を言いたい気分です」

静かに頭を下げる泉の姿を見て、照れたように栗川がほほ笑む。

「人は変われるもんなんやねぇ……」

しみじみと語る笠井の言葉に、泉も、そして当の栗川も深々とうなずく。

「一体、あんときの栗ちゃんはどこに行ったんやろね」

笠井の言葉を受けて、栗川から白い歯がこぼれた。

中学卒業から、わずか数年のときを経て、当時とはまったく異なる師弟の空気が流れていた。教え子を見守る教師の温かいまなざし。時間を経てから気づく教師の思い。毎朝、栗川の自宅を訪れていたかつての日々は、すでに遠い昔のでき事となっていた。

師弟の絆が、キムチ部によって再確認されたのである。そして、それこそがキムチ部がもたらした最高の成果であり、太田尚樹専務理事が願っていた、いや、想定以上の部活動としての集大成でもあったのではないだろうか。

「まさか、キムチでここまで人は成長できるなんて……」

笠井、泉両教諭の言葉を借りるまでもなく、栗川をはじめとする大阪偕星学園キムチ部のメンバーたちが証明したのは「人間は変われる」という、生徒たちが持つ無限の可能性だった。創部から生徒たちの奮闘ぶりを目の当たりにしていた顧問の沖田仁美が、これまでの活動を振り返ってつぶやくように言った。

「教師冥利に尽きるなって、そんなことを感じましたね……」

何もないところからのスタートだった。創部初年度は、沖田の馬力がなければ決して軌道に乗ることはなかっただろう。

「……めちゃめちゃいい経験をさせていただいたし、いろいろ勉強させていただきました。栗川、そして楊を含めて、生徒たちが変わっていったこと。それが私としては本当によかったし、嬉しかった。だって、あんなに誰ともしゃべられへんかったあの子たちが、地域の方とコミュニケーションを取れるようになったり、自分の意見を言えるようになったりしたんですから。何しろあの子たち、キムチ作りをめぐってケンカまでするんですよ」

教師生活を続けていて、「今の子どもたちは自分の意見を言わない」ということ、そして「むやみな対立を避けたがる傾向にあること」を痛感していた。しかし、キムチ部はそうではなかった。これまでの「常識」とはかけ離れていた。

「今の子たちって、決して面と向かってケンカしないんです。腹が立っても、沈黙で終わるんです。で、後になって陰で悪口を言う子が多いんです。でも、キムチ部ではそうじゃありませんでした。《キムチ》というものを通じて、みんなで議論を戦わせたり、自分の意見を強硬に主張したりしていました。私も、〝まさか、キムチでここまで成長できるなんて……〟という思いです。〝ホンマに人って、ここまで成長できるんやな〟という思いだし、私自身も教員として成長させてもらいました」

口論の原因はささいなものだったという。それでも、「美味しいキムチを作りたい」という共通の目的を持つことで、誰もが建設的な態度で部活動に臨んでいた。

部員間の口論について、栗川が振り返る。

「人から意見されることって、誰にとってもあんまりいい気分はしないと思うんです。だけど、だからと言って、内心では納得していないのに、表面上だけで〝あぁ、わかりました〟って言っておいて、裏で何かを言われている方がめっちゃ気分悪いじゃないですか。実際に、自分がそんなことをされたらイヤやし。だから、その場できちんと自分の意見を言うようになったし、他の人たちもそうなっていったんやと思います」

部員たちのそんな様子を、沖田は好ましく見ていた。

「キムチ作りになると、みんなめっちゃ協力的になって一つにまとまるんです。《塩漬け担当》とか《ヤンニョム担当》など、自然に役割ができていくんです。私が感心したのは、生徒たちの中で自然に《洗い物担当》ができたことでした。主に石田（圭成）が担当していたんですけど、普通、洗い物ってめっちゃめんどくさいじゃないですか。でも、石田はイヤな顔一つ見せないんです。で、私が〝ゴメンな、ありがとな〟って言うんですけど、本人はそれが自分の役割だという感じで黙々と洗っているんです。その姿はとても感動的でした」

沖田の言葉を本人に告げると、石田は驚きの表情を見せた。

「……えっ、沖田先生がそんなことを言っていたんですか？　今まで、全然そんなこと言ってなかったから驚きました。でも、先生が自分のことをそんな風に思っていてくれたなんてすごく嬉しいです。ホンマに嬉しいな」

はにかんだ笑顔を浮かべながら、石田は嬉しそうに繰り返した。「漬物グランプリ」出品作を決めるミーティングにおいて何も発言することができず、「自分は何も役に立っていないのではないか？」と自分を責めていた石田だったが、キムチ部において、彼の存在もまた決して欠かせないものとなっていたのだ。

みんなで話し合ったわけでもないのに、自然と役割分担が決まっていくことが、沖田には嬉しかった。創部当初は「私がおらんと何もできひん」と孤軍奮闘していた。しかし、気がつけば自分抜きでも、生徒たちは自発的に考え、自ら行動できるようになっていた。

「私が産休で抜けてしまうことを不安に思っている子もいてると思います。でも、栗川も、楊も、かつての姿からは想像できないほどたくましくなりました。そんな姿を見てきた松本や石田たちも、入学した頃とは比べ物にならないほど成長しています。みんなが自分の役割を理解しているから、めちゃ部員間の雰囲気もいいです……」

そして、噛み締めるように沖田は言った。

「……漬物グランプリを獲得できたのは、それが大きな要因なんやろな」

キムチを通じて人は成長できる——。

生徒たちの奮闘を目の当たりにした沖田だからこその発言だった。

「人には、人それぞれの進歩のスピードがある」ということ

キムチ部は太田尚樹専務理事のひらめきから始まった。

これまでの人生において、「いつも、対比構造の真ん中にいた」と語っていた太田だからこそ、「キムチ部」という前代未聞のアイディアが正式な部活動となり、漬物グランプリ獲得、「×キムチ」商品化という現実を生み出した。太田は何を思うのか？

「沖田が、そんなことを言っていたんですか……」

まずは沖田の発言を告げると、太田は深く、深くうなずいた。

「……本当にみんな変わりましたからね。私も共感します。私が思い出すのは、『×キムチ』を作るときの大豆ミートの割合について、彼らが議論をしている姿です。ある者が〝50パーセントがいい〟と言えば、別の者が〝それじゃあ、多すぎる。なぜなら……〟と、きちんと自分の考えを言える。こうして自分の意見をきちんと伝えた上で、最終的に議論を着地させて『×キムチ』を作りました。その姿を見ていたら、〝あぁ、いい関係ができあがってきたなぁ……〟って思えたんです」

理事に就任する前から社会問題化していた野球部の不祥事は、その後もなかなか沈静化の気配を見せず、当事者に有罪判決が下される事態となった。さらにその後も、後任監督のパワハ

ラ騒動など、太田の頭を悩ませる難事は続いた。

沈滞ムードに陥りがちな時期だったからこそ、キムチ部の活動は、大阪偕星学園に明るい希望の光をもたらすことになった。

キムチ部が正式に立ち上がった2022年4月から、漬物グランプリを獲得した翌2023年4月までの1年間。あるいは、「×キムチ」が発売された同年9月までの1年5カ月間。それは、太田にとっては疾風怒濤《しっぷうどとう》の日々であった。

「この間は、本当にいろいろなことがありました。想定外だったことは二つあります。まず一点目は、当初私がイメージしていたよりも、生徒たちはのっそ、のっそとゆっくり進むということです。そしてもう一点は、のっそ、のっそと進んでいたはずなのに、気がつけばすごく遠くまで来ていたということです」

生徒たちの歩みは、まるで巨象のように「のっそ、のっそ」と緩やかなものだった。傍らで見ていた太田や沖田から見れば、「何でそんなこともできないのか?」「何度同じことを言えばいいのか?」ともどかしい思いばかり抱いていた。

しかし、ふとした瞬間に足を止めて振り返ってみると、眼下には想像もしていなかった絶景が広がっていた。太田や沖田にとって、「あれ、いつの間にこんなに高みに到達したのだろう?」、そんな感覚だったのではないだろうか?

「キムチ部を立ち上げたとき、生徒たちは熱量高く、一気にいろいろなことを進めていくものだと思っていました。私自身が、短距離走的に突破する方が得意だからです。でも、栗川も、楊も、決してそんなタイプではなかった。私が大人だからというのもありますが、彼らを見ていると〝遅いなぁ〟と感じることが多かったです。でも実はわずか1年で彼らは大きく変わっていました。成長というのは、その最中にいると、とてもゆっくりに見えるものなのだと、私は彼らから教わりました」

太田が学んだのは、「人にはそれぞれの進歩のスピードがある」ということ、そして「一見すると遅々として何も進んでいないように見えても、気がつけば遠くにきていることもある」ということだった。

ここまで言うと、太田は「あっ」と口にした。

「……あっ、最大の想定外は、〝ここまで一気にいろいろな成果が出たこと〟ですね。実際のところ、5年、10年かけて漬物グランプリを獲得できればいいなと思っていたのに、最初の挑戦でいきなりグランプリですからね」

学生時代のこと、リクルートに入社したときのこと、「やる気あり美」として活動していたときのこと、そして大阪偕星学園に赴任し、さまざまなトラブル処理に忙殺されながらもキムチ部を立ち上げたこと……。

ここまでの太田の来歴を聞いていて、素朴な疑問がわいてくる。

――今後、キムチ部に代わる何か新しいプロジェクトのアイディアはありますか？

そんな質問に対して、間髪入れずに太田は答えた。

「PBLってご存じですか?」

不勉強のため「知りません」と答えると、太田は流暢《りゅうちょう》に続けた。

「……PBLというのは、《プロジェクト・ベースド・ラーニング》の略で、要はプロジェクトを通じて探求的な学びを深めていくというものです。最近ではいろいろな学校で導入されているんですけど、私はこの取り組みを支持している一方で、難しさも感じていて。というのも、興味を持てないプロジェクトに時間を使って学びは深まるのかな、と思うからです。社会問題などに興味を持たせるのも教育現場の仕事ですし、そこを諦める気は当然ありませんが、私は生徒たちに『マジで面白い!』と思いながら何かをやってほしいんですよ。とにかく面白いプロジェクトに取り組むことが成長に繋《つな》がっていく。そう思っているんです」

その口調が一気に熱くなるのがわかった。

「……キムチ部はおかげさまでいいスタートダッシュを切ることができました。次は部活なら《グッズ部》なんかやれたら嬉しいな。私は神戸大学出身ですけど、誰も神戸大学のグッズなんて使っていなかったし、校歌も歌っていませんでした。でも、私の姉は早稲田大学出身で、姉の卒業式に行ったら校歌やいろんな早稲田の歌をみんなが歌っているし、早稲田グッズを持っている人もたくさんいて、〝めちゃくちゃカッコいいな、羨《うらや》ましいな〟って思ったんです。だから、大阪中のファッションやデザインに興味のある子たちが、〝偕星グッズがほしい〟と集まってくるようなアイテムを生徒たちが自ら企画してくれたら嬉しいですね」

キムチ部が立ち上がるとき、太田はまず生徒会室を訪れて、栗川や楊に、その構想を語ったという。「グッズ部」について情熱的に語り続ける太田の姿を見ていて、「おそらくキムチ部のときもこうだったのだろう」と合点がいった。

太田が連載している『ソトコト』の「ゲイの僕にも、星はキレイで肉はウマイ」連載62回(24年2月号)「赦《ゆる》しのラーメン」において、太田はこんな言葉を残している。

数年前、僕はある会社の事業責任者をしていた。着任当初から現状課題をこれでもかと列記して役員陣に叩《たた》きつけ「今すぐ変わらなくてはならない」と怒り、語ってきた。そして誰よりも自分自身にそう言い聞かせてきた。だけど1年やっても2年やっても思ったより事業はよくならなくて、そして何より僕も同僚も疲弊してしまって、その原因が自分のスタンスにあるのではないかと思うようになった。

人は誰もが自分だけの〝自然さ〟の中を生きている。得意も苦手も好きも嫌いも、それぞれがそれぞれに持っている。そのバランスは本人にとっては自然なのだから、「今すぐ変わるべきだ」というスタンスは不自然なのではないか。それよりも「これが私だし、それが君だから仕方ない。だけどあそこまで行こうよ」というあり方が重要なのではないか。そう思うようになってから、そのおかげとは言えないけれど、事業はスルスルと伸びていった。

キムチ部員たちはキムチ部員たちだけの「自然さ」を生きている。学校改革の障壁となる旧態依然とした人物もまた、彼らなりの「自然さ」を生きている。他人は決して自分の思い通りにはならない。それでも、人と人は日々をともに生きていく。

そんな日常において、「これが私だし、それが君だから仕方ない。だけどあそこまで行こうよ」というあり方を提示できるようになりつつある。

キムチ部員の奮闘ぶりは、太田自身にも新たな気づきをもたらしたのである。

「そのままでいいよ、後で必ずチャンスはやってくるよ」

「中学時代の自分を変えたい」「キラキラした高校生活を送りたい」という思いからキムチ部入部を決めた栗川大輝。彼ほど、躍進するキムチ部の象徴であると同時に、「人は変われる」ということを体現した人物はいない。

改めて栗川に尋ねたのは、「中学時代の自分をどう思うか?」という質問だ。栗川はしばらく考えた後に、ゆっくりと口を開いた。

「あの頃は、将来に対する不安がとてつもなくデカかったです。〝このままずっと逃げ続けていて、いつか親元を離れたときに生きていけるんやろうか？〟とか、〝いつか仕事しなアカンってなったときに、すぐに逃げるみたいになったらどうしよう？〟とか。〝もう無理かも……〟って思うことは何度もありました」

本人にも「自分は逃げている」という自覚があったのだ。室内にしばしの沈黙が流れる。再び栗川が口を開いた。

「……今から見れば、中学時代の自分についても、〝あの頃があったから今の自分がある〟って考えられるけど、あの頃は親たちとか、先生たちから何かを言われることが〝めっちゃ鬱陶しいな〟って思ってばかりでした。でも、これも今から思えば、あのときの先生たちの言葉はめっちゃ正しいことを言っていたと思います。もし今、僕の目の前にあの頃の自分のような子がいたら、同じことを言っていると思います。でも、一つだけ、自分の言葉で伝えたいことがあります」

少しの間をおいて、栗川は続けた。

「……もしも、あの頃の自分が目の前にいたとしたら、〝そのままでいいよ。別に、今のままでも後で必ずチャンスはやってくるよ〟って言うと思います」

そのままでいいよ、後で必ずチャンスはやってくるよ——。

振り返れば、自分でもうまく説明できないフラストレーションを抱きつつ鬱屈とした日々を過ごしていた。しかし、あの頃の栗川にとって、それは繭から孵化《ふか》するための揺籃期《ようらんき》だったのかもしれない。

今ではキムチ部の活動を通じて、将来への明確なヴィジョンを抱くようになった。

「大学に合格したら、ぜひキムチサークルを作りたいんです。そして、本場韓国の大学生たちとも交流をして、新しいことを始めてみたいんです」

それは、目の前に広がる膨大な時間を持て余し、自宅でずっとゲームばかりしていた頃には考えられない変化だった。顧問の沖田も、そして太田専務理事も、キムチ部を通じて、それぞれ「自分は変わった」と口にしていた。当然、栗川にも同様の思いはあるはずだ。

――人は変われるものだと思いますか？

半ば答えを確信しつつ、質問を投げかける。

「絶対に変われると思います。だけど、そのためには〝自分は変わりたい〟という意志が強くないとダメだと思います。それまでの自分を変える途中には、周りから変な目で見られたり、批判されたりすることもあるはず。でも、そんな言葉に傷つかずにいられるのなら、絶対に変われると思います」

それは、自らの経験に裏打ちされた力強い言葉だった。愚問だと承知しつつ、さらに質問を重ねる。

——栗川君自身は変わったと思いますか？

「180度……、いや、言葉で言い表せないほど変わりました。それはこの学校のおかげでもあるし、キムチ部の存在がデカかったと思います」

眼鏡の奥で、その瞳はキラキラしていた。

「まだまだ成長できる伸びしろは山ほど残っていると思っているんで、自分でもこれからが楽しみです！」

栗川の満面の笑みが弾ける。

本人が自称する「謎の自信」は、聞いている側にも心地よく響いた——。

エピローグ

「キムチ部」がもたらしたもの

――青春のすべてはキムチに

『激レアさん』『ミラクル9』オンエアで全国区に

2024（令和6）年1月——。

液晶テレビの画面に映し出されていたのは大阪偕星学園キムチ部・元部長の栗川大輝と、元副部長の楊颯太だった。この日、テレビ朝日系人気番組『激レアさんを連れてきた。』でキムチ部が「激レアさん」として紹介されたのだ。

同局の野村真季アナウンサー、そしてオードリーの若林正恭が研究員を務め、キムチ部の活動を紹介していく。やはりここでも「キムチ部」という前代未聞の部活動に対するインパクトは強く、「漬物グランプリ」というなじみの薄いコンテストに対する関心は高かった。

栗川も楊も、楽しそうに共演者たちと談笑している。スタジオの片隅には太田尚樹専務理事の姿もあり、若林とのやり取りも何度か映し出された。番組の演出上、太田は学校改革に意気込む「目バッキバキ専務理事」と紹介されている。

新入部員の1年生に塩漬けの指導をするシーンが流れる。「なぜ茎の部分に多めに塩を塗るのか？」という問いに対して、栗川は何の迷いもなく流暢《りゅうちょう》にその理由を説明する。かつて、MBSの山本美紗子が、「栗川君はすでにテレビ慣れしていて、まったく動じなくなった」と笑っていたことが思い出される。

番組内ではキムチ部の活動について、「映画『ウォーターボーイズ』『スウィングガールズ』のキムチ版」だと紹介された。確かに、キムチ部員たちの奮闘劇は「正統派学園青春モノ」と言ってもいいだろう。

番組の最後には、若林による恒例の「ラベリング」が行われた。

「青春がキラキラと発光（発酵）してる2人」

それが、若林による栗川と楊の人物評だった。番組内で栗川は力強く言った。

「自分たちの青春はキムチで構成されています！」

何の迷いもなく、真っ直ぐな思いがあふれた、いい言葉だった。

さらに、その2日後には、同じくテレビ朝日系列で『くりぃむクイズ　ミラクル9』の「新クイズ満載！まるごと学校クイズSP！」が放送された。ここでは「Q・私たちは何部でしょう？」という問題が出され、キムチ部員たちの活動映像とともに次々とヒントが提示された。

ヒント1・大量の密閉容器を使う
ヒント2・使うための野菜を栽培

正解者はわずか一人だったが、正解が発表された瞬間、スタジオは大きなどよめきに包まれ、「そんな部活動があるの?」と大いに盛り上がった。
続いて、「Q・キムチ部がこだわる『キムチ』の語源になった作業は?」という問題が出題された。これは、「野菜の塩漬け」と「唐辛子の配合」の二択問題で、もちろん前者が正解だ。ちなみに同番組によれば「キムチ」の語源は「沈菜《チムチェ》」であり、「野菜の塩漬け」を意味するのだという。やはりここでも、テレビカメラを前にした栗川が塩漬けの重要性を説明する。その姿は、実に堂々たるものだった。
出題映像のラストには1年生部員の澤田《さわだ》空來《そら》、藤原結芽《ゆめ》が「今後の目標は?」と問われ、こんな言葉を残している。
「本場の韓国の学生さんや企業さんと一緒に商品を作ったり……」(澤田)
「……グローバルに活動したいです」(藤原)
栗川が述べていた「大学に行ったら、韓国の学生と交流したい」という思いは、下級生たちにもしっかりと浸透していたのだ。
本場韓国との交流を深めたい——。

こうした思いが前進する機会がすぐに訪れた。1月24日付のキムチ部公式インスタグラムにはこんな記述がある（以下、原文ママ）。

昨日、研修旅行で日本を訪れている昌信高等学校の1年生（56人）と教員の方が来校され、その際に、キムチ部の紹介をさせていただきました！　韓国でもキムチ部を認知していただいてる方が多く、握手や写真を求められたりもしました。

韓国の高校生が大阪偕星学園を訪れた際に、キムチ部員たちがもてなしたのだという。かつて、SBSで紹介されたことによって、韓国国内でもキムチ部を知る者は多い。まさに、彼らにしかできない役割だと言えよう。

キムチ部員たちによる「キムチ交流」はさらに続く。

お昼のランチの際には、高麗食品さんとのコラボ商品〝かけるキムチ〟も召し上がっていただき、韓国の方のキムチに対するご意見もいただけました。非常に興味深かったです。
今回のことを通じて、本校と昌信高校との交流が有意義なものになることとともに、韓国の方にもキムチ部を知っていただけるようより頑張って参りたいと思います。

彼らが作った「×キムチ」が日韓交流の懸け橋としての役割を担ったのだ。まさに、大豆ミートキムチ開発時のコンセプトに掲げた理念が、早くも実現したのである。

「私にとって、キムチ部は最高の部活動です!」

関西ローカルだけでなく、全国ネットでも取り上げられるようになり、「キムチ部」の認知度は一気に高まった。それに伴い、この変わり種の部活動を誕生させた大阪偕星学園高校も大きく取り上げられるようになった。

24年1月のある日、太田専務理事から、こんなLINEメッセージが届いた。

来年度の入学生数は400名弱までいくと分かり、それが嬉《うれ》しいですね。3年前の事件後が250名、昨年が300名でしたから、ひとまずホッとしています。

もちろん、新入学生増加の要因はさまざまであり、複合的な理由であるということは前提として、それでもキムチ部の躍進が大きく貢献したと見て間違いないだろう。

もちろん、競争の激しい私立高校経営において、トラブルはない方がいい。いや、あってはならない。経営陣はもちろん、教職員一丸となって、これからも健全な学校運営に当たっていくのは当然のことである。

その一方で、「いかに失点を防ぐか？」ということばかり留意していても学校の成長はない。いかに魅力的なカリキュラムを提供できるか、いかに独自性をアピールできるか？「減点主義」だけではなく、「加点主義」としての攻めのスタンスも必要となるだろう。

そういう意味において、やはり、キムチ部は有形無形の効果をもたらしたのである。不祥事に揺れた激動の日々を過ごした太田明弘理事長は言う。

「野球部の件では、さまざまなご批判をいただきました。学校としては猛省し、あり方を見直す機会となりました。そうした中でもこのキムチ部に関しては、マスコミのみなさんも非常にフレンドリーで、単なる事象としてだけではなく、一つのストーリーとしてとらえていただけている。それは本当にありがたいことです。結果的に、ここまでのご支援をいただけるとはまったく思っていませんでした」

創部以来、紆余曲折《うよきょくせつ》のあった波瀾万丈《はらんばんじょう》な2年間が終わった。

初代部員である栗川大輝、楊颯太は24年3月をもって大阪偕星学園を卒業した。栗川も楊も無事に大学合格を決めた。キムチ部の歴史は、残された部員たちで築き上げていくことになる。

「めっちゃプレッシャーですよ……」

2代目部長となった松本綾華が苦笑いを浮かべる。

「……漬物グランプリを獲得するし、『×キムチ』は商品化されるし、1年目、2年目があまりにも順調すぎましたからね。〝これから、私たちは何をすればいいんやろ?〟っていうのが正直な思いです。でも、栗川や楊君たちが作ってきた、このキムチ部のいいムードは絶対に後輩たちにも伝えていきたいですね」

この言葉を裏づけるように、1年生部員の山内結花《やまうちゆいか》は笑顔で言った。

「私はまだレシピ通りのキムチしか作ったことがないけど、最高に美味《おい》しいキムチをみんなで研究しながら、目標を達成していくということは絶対に楽しいはず。キムチ部は先輩後輩関係なく、みんな仲がいいのですごく居心地がいいです」

山内の笑顔が、キムチ部の魅力を雄弁に物語っている。

創部と同時に入部した松本は、キムチ部の来歴を目の当たりにしてきた。栗川の個性も、楊の人柄も、すべて自分の目で見てきた。

その上で、今度は「松本カラー」で新たなキムチ部を作り上げていく。

先に紹介した『激レアさんを連れてきた。』において、松本はヒマワリの種やひじきなど、何でもキムチにしたがる「問題児アヤカ」と紹介されていた。それは、バラエティ番組ならではのデフォルメではあったけれど、前例にとらわれずにアグレッシブに新たなことに挑戦ができること。それもまた松本の魅力であり、彼女ならではの個性である。

創部当初にぶち上げた「近大マグロに並ぶ偕星キムチを作る」という大命題は、いまだ達成していない。初代顧問の沖田仁美が力強く宣言した、「漬物界の大阪桐蔭になる！」という大目標も、これから実現していくことになる。

熟成されたキムチが、年月を経てさらに旨味を増していくように、これから歴史と伝統を築いていくキムチ部も、年輪を重ねて今後さらに深い味わいを獲得していくことだろう。

最後に、新たな歴史を築く役割を託された松本の言葉を紹介して、本書の結びとしたい。

「私にとって、キムチ部は最高の部活動です！」

はたして、どんなキムチができあがるのか？

今後、どんなキムチ部となっていくのか？

本場韓国との交流はどんな形で実現するのか？

栗川大輝や楊颯太は、どんな大人になるのか？

キムチ部の今後はさらに興味深く、その未来は可能性に満ちている――。

（了・文中敬称略）

大阪偕星学園キムチ部 ※敬称略（順不同）

初代部長　栗川大輝

初代副部長　楊颯太

太田尚樹

２代目部長　松本綾華

２代目副部長　石田圭成

２代目副部長　柳原洸樹

根来雄琉

藤原結芽

澤田空來

山内結花

顧問　牧井美帆

副顧問　藤澤俊郎

欠席　花田瞳吾、南玲奈

制作協力・写真提供　大阪偕星学園キムチ部
撮影　松村真行
ブックデザイン　國枝達也

本書は書き下ろしです。
本書は2024年3月現在の情報をもとに制作しています。

長谷川晶一（はせがわ　しょういち）
1970年５月13日生まれ。早稲田大学商学部卒。出版社勤務を経て2003年にノンフィクションライターに。05年よりプロ野球12球団すべてのファンクラブに入会する、世界でただひとりの「12球団ファンクラブ評論家Ⓡ」。著書に『生と性が交錯する街　新宿二丁目』（角川新書）、『詰むや、詰まざるや 森・西武 vs 野村・ヤクルトの２年間 完全版』（双葉文庫）、『中野ブロードウェイ物語』（亜紀書房）、『名将前夜 生涯一監督・野村克也の原点』（KADOKAWA）ほか多数。

大阪偕星学園《おおさかかいせいがくえん》キムチ部《ぶ》
素人高校生《しろうとこうこうせい》が漬物《つけもの》で全国制覇《ぜんこくせいは》した成長《せいちょう》の記録《きろく》

2024年４月26日　初版発行

著者／長谷川《はせがわ》晶一《しょういち》

発行者／山下直久

発行／株式会社KADOKAWA
〒102-8177　東京都千代田区富士見2-13-3
電話　0570-002-301（ナビダイヤル）

印刷・製本／大日本印刷株式会社

●お問い合わせ
https://www.kadokawa.co.jp/（「お問い合わせ」へお進みください）
※内容によっては、お答えできない場合があります。
※サポートは日本国内のみとさせていただきます。
※Japanese text only

定価はカバーに表示してあります。

ISBN 978-4-04-114194-6　C0095